定位经典丛书
对美国营销影响巨大的观念

重新定位

REPOSITIONING

MARKETING IN AN ERA OF COMPETITION, CHANGE, AND CRISIS

[美] 杰克·特劳特（Jack Trout） 著
　　 史蒂夫·里夫金（Steve Rivkin）

邓德隆 火华强 ◎ 译

经典重译版

机械工业出版社
CHINA MACHINE PRESS

图书在版编目（CIP）数据

重新定位（经典重译版）/（美）杰克·特劳特（Jack Trout），（美）史蒂夫·里夫金（Steve Rivkin）著；邓德隆，火华强译 . —北京：机械工业出版社，2017.9（2025.11重印）

（定位经典丛书）

书名原文：Repositioning: Marketing in an Era of Competition, Change, and Crisis

ISBN 978-7-111-57825-3

I. 重⋯ II.① 杰⋯ ② 史⋯ ③ 邓⋯ ④ 火⋯ III. 企业管理 – 市场营销学 IV. F274

中国版本图书馆 CIP 数据核字（2017）第 202625 号

北京市版权局著作权合同登记　图字：01-2009-7333 号。

Jack Trout, Steve Rivkin. Repositioning: Marketing in an Era of Competition, Change, and Crisis.

ISBN 978-0-07-163559-2

Copyright © 2010 by McGraw-Hill Education.

All Rights reserved. No part of this publication may be reproduced or transmitted in any form or by any means, electronic or mechanical, including without limitation photocopying, recording, taping, or any database, information or retrieval system, without the prior written permission of the publisher.

This authorized Chinese translation edition is jointly published by McGraw-Hill Education and China Machine Press. This edition is authorized for sale in the Chinese mainland (excluding Hong Kong SAR, Macao SAR and Taiwan).

Translation Copyright © 2017 by McGraw-Hill Education and China Machine Press.

版权所有。未经出版人事先书面许可，对本出版物的任何部分不得以任何方式或途径复制或传播，包括但不限于复印、录制、录音，或通过任何数据库、信息或可检索的系统。

本授权中文简体字翻译版由麦格劳 - 希尔教育出版公司和机械工业出版社合作出版。此版本经授权仅限在中国大陆地区（不包括香港、澳门特别行政区及台湾地区）销售。

版权 © 2017 由麦格劳 - 希尔教育出版公司与机械工业出版社所有。

本书封面贴有 McGraw-Hill Education 公司防伪标签，无标签者不得销售。

重新定位（经典重译版）

出版发行：机械工业出版社（北京市西城区百万庄大街 22 号　邮政编码：100037）	
责任编辑：董凤凤	责任校对：殷　虹
印　　刷：固安县铭成印刷有限公司	版　次：2025 年 11 月第 1 版第 19 次印刷
开　　本：170mm×242mm　1/16	印　张：12.25
书　　号：ISBN 978-7-111-57825-3	定　价：69.00 元

客服电话：(010) 88361066　68326294

版权所有・侵权必究
封底无防伪标均为盗版

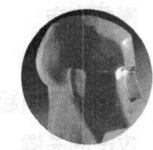

目录

致中国读者

总序

译者序

前言

第一部分　竞争

第1章　基础原理　　// 2
心智疲于应付　　// 3
心智憎恨混乱　　// 5
心智缺乏安全感　　// 6
心智不可改变　　// 8
心智会丧失焦点　　// 9

第2章　竞争时代的到来　　// 11
竞争的激增　　// 12
竞争正在蔓延　　// 15
"选择业"　　// 18
必须小心　　// 19

第3章　重新定位竞争对手　　// 21

谨慎攻击　　// 22
寻找弱点　　// 23
攻击必须引起共鸣　　// 25
攻击的关键　　// 29
将对手归位　　// 31

第二部分　变化

第4章　面对变化，进化是关键　　// 36

进化至关重要　　// 38
持续性技术　　// 41
如何进化　　// 44
进化的成功与失败　　// 49
"内向思维"之弊　　// 51

第5章　企业愈大，变革愈难　　// 52

"大组织"情结　　// 53
个人的日程表　　// 57
事情何以如此糟糕　　// 59
大企业的失败　　// 61
觉醒的 CEO　　// 62

第6章　何时不该进化　　// 64

增长陷阱　　// 65
隐伏祸患的期权　　// 68
"最新一代"的陷阱　　// 69
谨防丧失焦点　　// 71
"人人都在做"的陷阱　　// 74

第三部分　危机

第7章　改变竞争格局的动力　// 80
长期规划的终结　// 81
核能源危机　// 83
通用汽车的危机　// 85
关键准则　// 87

第8章　价值是关键　// 90
沃尔玛的成功　// 91
PC 王国的反击战　// 92
嘉信理财之路　// 93
应对价格战　// 94
大企业式的服务　// 96
"奢华铺张"过时，"物有所值"流行　// 97
谈谈促销　// 102

第四部分　重新定位的艺术

第9章　重新定位需要时间　// 106
顽固的大脑　// 107
改变态度的企图　// 108
"重新调整"的条件　// 109
重新定位越早越好　// 111
建立"数字化岛国"　// 112
重新定位与公关　// 114
四条成功法则　// 117

第10章　重新定位需要勇气　// 119
正确方向在哪里　// 121
规模带来的问题　// 123

如何认清事实 // 123
如何安排时间 // 125
组织内部变革 // 126
企业代言人 // 128
"就这么干" // 130

第11章　重新定位需要CEO全程参与 // 131

曾经的现金牛 // 132
过去的错误决策 // 134
"这里由我负责" // 134
沟通的艺术 // 135
进行培训 // 135
使用类比 // 136
稳步推进 // 137
组织的进化 // 138

第12章　重新定位是显而易见的 // 139

走进董事会 // 140
为什么会这样 // 141
面对现实 // 143
贩卖"复杂"的咨询顾问 // 143
寻找"显而易见" // 146

结语 // 153

作者简介 // 155

附录A　定位思想应用 // 157

附录B　企业家感言 // 159

致中国读者

中国正处在一个至关重要的十字路口上。制造廉价产品已使中国有了很大的发展，但上升的劳动力成本、环境问题以及对创新的需求都意味着重要的不是制造更廉价的产品，而是更好地进行产品营销。只有这样，中国才能赚更多的钱，才能在员工收入、环境保护和其他方面进行更大的投入。这意味着中国需要更好地掌握如何在顾客和潜在顾客的心智中建立品牌和认知，如何应对国内及国际上无处不在的竞争。

这也正是我的许多书能够发挥作用的地方。它们都是关于如何通过在众多竞争者中实现差异化来定位自己的品牌；它们都是关于如何保持简单、如何运用常识以及如何寻求显而易见又强有力的概念。总的来讲，无论你想要销售什么，它们都会告诉你如何成为一个更好的营销者。

我的中国合伙人邓德隆先生正将其中的很多理论在中国加以运用，他甚至为企业家开设了"定位"培训课程。但是，中国如果要建立自己的品牌，正如你们在日本、韩国和世界其他地方所看到的那些品牌,你们依然有很长的路要走。

但有一件事很明了:继续"制造更廉价的产品"只会死路一条,因为其他国家会想办法把价格压得更低。

杰克·特劳特

总序

定位：第三次生产力革命

马克思的伟大贡献在于，他深刻地指出了，以生产工具为标志的生产力的发展，是社会存在的根本柱石，也是历史的第一推动力——大思想家李泽厚如是总结马克思的唯物史观。

第一次生产力革命：泰勒"科学管理"

从唯物史观看，赢得第二次世界大战（以下简称"二战"）胜利的关键历史人物并不是丘吉尔、罗斯福与斯大林，而是弗雷德里克·泰勒。泰勒的《科学管理原理》㊀掀起了人类工作史上的第一次生产力革命，大幅提升了体力工作者的生产力。在泰勒之前，人类的精密制造只能依赖于能工巧匠（通过师傅带徒弟的方式进行培养，且人数不多），泰勒通过将复杂的工艺解构为简

㊀ 本书中文版已由机械工业出版社出版。

单的零部件后再组装的方式，使得即便苏格拉底或者鲁班再世恐怕也未必能造出来的智能手机、电动汽车，现在连普通的农民工都可以大批量制造出来。"二战"期间，美国正是全面运用了泰勒"更聪明地工作"方法，使得美国体力工作者的生产力爆炸式提高，远超其他国家，美国一国产出的战争物资比其他所有参战国的总和还要多——这才是"二战"胜利的坚实基础。

欧洲和日本也正是从"二战"的经验与教训中，认识到泰勒工作方法的极端重要性。两者分别通过"马歇尔计划"和爱德华·戴明，引入了泰勒的作业方法，这才有了后来欧洲的复兴与日本的重新崛起。包括20世纪80年代崛起的"亚洲四小龙"，以及今日的"中国经济奇迹"，本质上都是将体力工作者的生产力大幅提升的结果。

泰勒的贡献不止于此，根据唯物史观，当社会存在的根本柱石——生产力得到发展后，整个社会的"上层建筑"也将得到相应的改观。在泰勒之前，工业革命造成了资产阶级与无产阶级这两大阶级的对峙。随着生产力的发展，体力工作者收入大幅增加，工作强度和时间大幅下降，社会地位上升，并且占据社会的主导地位。前者的"哑铃型社会"充满了斗争与仇恨，后者的"橄榄型社会"则相对稳定与和谐——体力工作者生产力的提升，彻底改变了社会的阶级结构，形成了我们所说的发达国家。

体力工作者工作强度降低，人类的平均寿命因此相应延长。加上工作时间的大幅缩短，这"多出来"的许多时间，主要转向了教育。教育时间的大幅延长，催生了一场更大的"上层建筑"的革命——资本主义的终结与知识社会的出现。1959年美国的人口统计显示，靠知识（而非体力）"谋生"的人口超过体力劳动者，成为劳动人口的主力军，这就是我们所说的知识社会。目前，体力工作者在美国恐怕只占10%左右了。知识社会的趋势从美国为代表的发达国家开始，向全世界推进。

第二次生产力革命：德鲁克"组织管理"

为了因应知识社会的来临，彼得·德鲁克创立了管理这门独立的学科（核心著作是《管理的实践》及《卓有成效的管理者》㊀），管理学科的系统建立与广泛传播大幅提升了组织的生产力，使社会能容纳如此巨大的知识群体，并让他们创造绩效成为可能，这是人类史上第二次"更聪明地工作"。

在现代社会之前，全世界最能吸纳知识工作者的国家是中国。中国自汉代以来的文官制度，在隋唐经过科举制定型后，为知识分子打通了从最底层通向上层的通道。这不但为社会注入了源源不断的活力，也为人类创造出了光辉灿烂的文化，是中国领先于世界的主要原因之一。在现代社会，美国每年毕业的大学生就高达百万以上，再加上许多在职员工通过培训与进修，从体力工作者转化为知识工作者的人数就更为庞大了。特别是"二战"后实施的《退伍军人权利法案》，几年间将"二战"后退伍的军人几乎全部转化成了知识工作者。如果没有高效的管理，整个社会将因无法消化这么巨大的知识群体而陷入危机。

㊀ 这两本书中文版已由机械工业出版社出版。

通过管理提升组织的生产力，现代社会不但消化了大量的知识群体，甚至还创造出了大量的新增知识工作的需求。与体力工作者的生产力是以个体为单位来研究并予以提升不同，知识工作者的知识本身并不能实现产出，必须借助组织这个"生产单位"来利用他们的知识，才可能产出成果。正是管理学让组织这个生产单位创造出应有的巨大成果。

要衡量管理学的成就，我们可以将20世纪分为前后两个阶段来进行审视。20世纪前半叶是人类有史以来最血腥、最残暴、最惨无人道的半个世纪，短短50年的时间内居然发生了两次世界大战，最为专制独裁及大规模的种族灭绝都发生在这一时期。反观"二战"后的20世纪下半叶，直到2008年金融危机为止，人类享受了长达近60年的经济繁荣与社会稳定。虽然地区摩擦未断，但世界范围内的大战毕竟得以幸免。究其背后原因，正是通过恰当的管理，构成社会并承担了具体功能的各个组织，无论是企业、政府、医院、学校，还是其他非营利机构，都能有效地发挥应有的功能，同时让知识工作者获得成就和满足感，从而确保了社会的和谐与稳定。20世纪上半叶付出的代价，本质上而言是人类从农业社会转型为工业社会缺乏恰当的组织管理所引发的社会功能紊乱。20世纪下半叶，人类从工业社会转型为知识社会，虽然其剧变程度更烈，但是因为有了管理，乃至于平稳地被所有的历史学家忽略了。如果没有管理学，历史的经验告诉我们，20世纪下半叶，很有可能会像上半叶一样令我们这些身处其中的人不寒而栗。不同于之前的两次大战，现在我们已具备了足以多次毁灭整个人类的能力。

生产力的发展、社会基石的改变，照例引发了"上层建筑"的变迁。

首先是所有制方面，资本家逐渐无足轻重了。在美国，社会的主要财富通过养老基金的方式被知识员工所持有。从财富总量上看，再大的企业家（如比尔·盖茨、巴菲特等巨富）与知识员工持有的财富比较起来，也只是沧海一粟而已。更重要的是，社会的关键资源不再是资本，而是知识。社会的代表人物也不再是资本家，而是知识精英或各类顶级专才。整个社会开始转型为"后资本主义社会"。社会不再由政府或国家的单一组织治理或统治，而是走向由知识组织实现自治的多元化、多中心化。政府只是众多大型组织之一，而且政府中越来越多的社会功能还在不断外包给各个独立自治的社会组织。如此众多的社会组织，几乎为每个人打开了"从底层通向上层"的通道，意味着每个人都可以通过获得知识而走向成功。当然，这同时也意味着不但在同一知识或特长领域中竞争将空前激烈，而且在不同知识领域之间也充满着相互争辉、相互替代的竞争。

正如泰勒的成就催生了一个知识型社会，德鲁克的成就则催生了一个竞争型社会。对于任何一个社会任务或需求，你都可以看到一大群管理良好的组织在全球展开争夺。不同需求之间还可以互相替代，一个产业的革命往往来自另一个产业的跨界打劫。这又是一次史无前例的社会巨变！人类自走出动物界以来，上百万年一直处于"稀缺经济"的生存状态中。然而，在短短的几十年里，由于管理的巨大成就，人类居然可以像儿童置身于糖果店中一般置身于"过剩经济"的"幸福"状态中。然而，这却给每家具体的企业带来了空前的生存压力，如何从激烈的竞争中存活下去。人们呼唤第三次生产力革命的到来。

第三次生产力革命：特劳特"定位"

对于企业界来说，前两次生产力革命，分别通过提高体力工作者和知识工作者的生产力，大幅提高了企业内部的效率，使得企业可以更好更快地满足顾客需求。这两次生产力革命的巨大成功警示企业界，接下来他们即将面临的最重大的挑战，将从管理企业的内部转向管理企业的外部，也就是顾客。德鲁克说，"企业存在的唯一目的是创造顾客"，而特劳特定位理论，将为企业创造顾客提供一种新的强大的生产工具。

竞争重心的转移

在科学管理时代，价值的创造主要在于多快好省地制造产品，因此竞争的重心在工厂，工厂同时也是经济链中的权力中心，生产什么、生产多少、定价多少都由工厂说了算，销售商与顾客的意愿无足轻重。福特的名言是这一时代权力掌握者的最好写照——你可以要任何颜色的汽车，只要它是黑色的。在组织管理时代，价值的创造主要在于更好地满足顾客需求，相应地，竞争的重心由工厂转移到了市场，竞争重心的转移必然导致经济权力的同步转移，离顾客更近的渠道商就成了经济链中的权力掌握者。互联网企业家巨大的影响力并不在于他们的财富之多，而在于他们与世界上最大的消费者群体最近。而现在，新时代的竞争重心已由市场转移至心智，经济权力也就由渠道继续前移，转移至顾客，谁能获取顾客心智的力量，谁就能摆脱渠道商的控制而握有经济链中的主导权力。在心智时代，顾客选择的力量掌握了任何一家企业、任何渠道的生杀大权。价值的创造，一方面来自企业因为有了精准定位而能够更加高效地使用社会资源，另一方面来自顾客交易成本的大幅下降。

选择的暴力

杰克·特劳特在《什么是战略》⊖开篇中描述说："最近几十年里，商业发生了巨变，几乎每个品类可选择的产品数量都有了出人意料的增长。例如，在20世纪50年代的美国，买小汽车就是在通用、福特、克莱斯勒或美国汽车这四家企业生产的车型中挑选。今天，你要在通用、福特、克莱斯勒、丰田、本田、大众、日产、菲亚特、三菱、雷诺、铃木、宝马、奔驰、现代、大宇、马自达、五十铃、起亚、沃尔沃等约300种车型中挑选。"甚至整个汽车品类都将面临高铁、短途飞机等新一代跨界替代的竞争压力。汽车业的情形，在其他各行各业中都在发生。移动互联网的发展，更是让全世界的商品和服务来到我们面前。如何对抗选择的暴力，从竞争中胜出，赢得顾客的选择而获取成长的动力，就成了组织生存的前提。

这种"选择的暴力"，只是展示了竞争残酷性的一个方面。另一方面，知识社会带来的信息爆炸，使得本来极其有限的顾客心智更加拥挤不堪。根据哈佛大学心理学博士米勒的研究，顾客心智中最多也只能为每个品类留下七个品牌空间。而特劳特先生进一步发现，随着竞争的加剧，最终连七个品牌也容纳不下，只能给两个品牌留下心智空间，这就是定位理论中著名的"二元法则"。在移动互联网时代，特劳特先生强调"二元法则"还将演进为"只有第一，没有第二"的律则。任何在顾客心智中没有占据

⊖ 本书中文版已由机械工业出版社出版。

一个独一无二位置的企业，无论其规模多么庞大，终将被选择的暴力摧毁。这才是推动全球市场不断掀起并购浪潮的根本力量，而不是人们通常误以为的是资本在背后推动，资本只是被迫顺应顾客心智的力量。特劳特先生预言，与未来几十年相比，我们今天所处的竞争环境仍像茶话会一般轻松，竞争重心转移到心智将给组织社会带来空前的紧张与危机，因为组织存在的目的，不在于组织本身，而在于组织之外的社会成果。当组织的成果因未纳入顾客选择而变得没有意义甚至消失时，组织也就失去了存在的理由与动力。这远不只是黑格尔提出的因"历史终结"带来的精神世界的无意义，而是如开篇所引马克思的唯物史观所揭示的，关乎社会存在的根本柱石发生了动摇。

走进任何一家超市，或者打开任何一个购物网站，你都可以看见货架上躺着的大多数商品，都是因为对成果的定位不当而成为没有获得心智选择力量的、平庸的、同质化的产品。由此反推，这些平庸甚至是奄奄一息的产品背后的企业，及在这些企业中工作的人们，他们的生存状态是多么地令人担忧，这可能成为下一个社会急剧动荡的根源。

吊诡的是，从大数据到人工智能等科技创新不但没能缓解这一问题，反而加剧了这种动荡。原因很简单，新科技的运用进一步提升了组织内部的效率，而组织现在面临的挑战主要不在内部，而是外部的失序与拥挤。和过去的精益生产、全面质量管理、流程再造等管理工具一样，这种提高企业内部效率的"军备竞赛"此消彼长，没有尽头。如果不能精准定位，企业内部效率提高再多，也未必能创造出外部的顾客。

新生产工具：定位

在此背景下，为组织准确定义成果、化"选择暴力"为"选择动力"的新生产工具——定位（positioning），在1969年被杰克·特劳特发现，通过大幅提升企业创造顾客的能力，引发第三次生产力革命。在谈到为何采用"定位"一词来命名这一新工具时，特劳特先生说："《韦氏词典》对战略的定义是针对敌人（竞争对手）确立最具优势的位置（position）。这正好是定位要做的工作。"在顾客心智（组织外部）中针对竞争对手确定最具优势的位置，从而使企业胜出竞争赢得优先选择，为企业源源不断地创造顾客，这是企业需全力以赴实现的成果，也是企业赖以存在的根本理由。特劳特先生的核心著作是《定位》㊀《商战》㊁和《什么是战略》，我推荐读者从这三本著作开始学习定位。

定位引领战略

1964年，德鲁克出版了《为成果而管理》㊂一书，二十年后他回忆说，其实这本书的原名是《商业战略》，但是出版社认为，商界人士并不关心战略，所以说服他改了书名。这就是当时全球管理界的真实状况。然而，随着前两次生产力革命发挥出巨大效用，产能过剩、竞争空前加剧的形势，迫使学术界和企业界开始研究和重视战略。一时间，战略成为显学，百花齐放，亨利·明茨伯格甚至总结出了战略学的十大流派，许多大企业也建立了自己的战略部门。战略领域的权威、哈佛商学院迈克尔·波特教授总结了几十年来的研究成果，清晰地给出了一个明确并且被企业界和学

㊀㊁㊂ 这三本书中文版已由机械工业出版社出版。

术界最广泛接受的定义:"战略,就是创造一种独特、有利的定位。""最高管理层的核心任务是制定战略:界定并宣传公司独特的定位,进行战略取舍,在各项运营活动之间建立配称关系。"波特同时指出了之前战略界众说纷纭的原因,在于人们未能分清"运营效益"和"战略"的区别。提高运营效益,意味着比竞争对手做得更好;而战略意味着做到不同,创造与众不同的差异化价值。提高运营效益是一场没有尽头的军备竞赛,可以模仿追赶,只能带来短暂的竞争优势;而战略则无法模仿,可以创造持续的长期竞争优势。

定位引领运营

企业有了明确的定位以后,几乎可以立刻识别出企业的哪些运营动作加强了企业的战略,哪些运营动作没有加强企业的战略,甚至和战略背道而驰,从而做到有取有舍,集中炮火对着同一个城墙口冲锋,"不在非战略机会点上消耗战略竞争力量"(任正非语)。举凡创新、研发、设计、制造、产品、渠道、供应链、营销、投资、顾客体验、人力资源等,企业所有的运营动作都必须能够加强而不是削弱定位。

比如美国西南航空公司,定位明确之后,上下同心,围绕定位建立了环环相扣、彼此加强的运营系统:不提供餐饮、不指定座位、无行李转运、不和其他航空公司联程转机、只提供中等规模城市和二级机场之间的短程点对点航线、单一波音737组成的标准化机队、频繁可靠的班次、15分钟泊机周转、精简高效士气高昂的员工、较高的薪酬、灵活的工会合同、员工持股计划等,这些运营动作组合在一起,夯实了战略定位,让西南航空能够在提供超低票价的同时还能为股东创造丰厚利润，使得西南航空成为一家在战略上与众不同的航空公司。

所有组织和个人都需要定位

定位与管理一样，不仅适用于企业，还适用于政府、医院、学校等各类组织，以及城市和国家这样的超大型组织。例如岛国格林纳达，通过从"盛产香料的小岛"重新定位为"加勒比海的原貌"，从一个平淡无奇的小岛变成了旅游胜地；新西兰从"澳大利亚旁边的一个小国"重新定位成"世界上最美丽的两个岛屿"；比利时从"去欧洲旅游的中转站"重新定位成"美丽的比利时，有五个阿姆斯特丹"等。目前，有些城市和景区因定位不当而导致生产力低下，出现了同质化现象，破坏独特文化价值的事时有发生……同样，我们每个人在社会中也一样面临竞争，所以也需要找到自己的独特定位。个人如何创建定位，详见"定位经典丛书"之《人生定位》⊖，它会教你在竞争中赢得雇主、上司、伙伴、心上人的优先选择。

定位客观存在

事实上，已不存在要不要定位的问题，而是要么你是在正确、精准地定位，要么你是在错误地定位，从而根据错误的定位配置企业资源。这一点与管理学刚兴起时，管理者并不知道自己的工作就是做管理非常类似。由于对定位功能客观存在缺乏"觉悟"，即缺乏自觉意识，企业常常在不

⊖ 本书中文版已由机械工业出版社出版。

自觉中破坏已有的成功定位，挥刀自戕的现象屡屡发生、层出不穷。当一个品牌破坏了已有的定位，或者企业运营没有遵循顾客心智中的定位来配置资源，不但造成顾客不接受新投入，反而会浪费企业巨大的资产，甚至使企业毁灭。读者可以从"定位经典丛书"中看到诸如AT&T、DEC、通用汽车、米勒啤酒、施乐等案例，它们曾盛极一时，却因违背顾客心智中的定位而由盛转衰，成为惨痛教训。

创造"心智资源"

企业最有价值的资源是什么？这个问题的答案是一直在变化的。100年前，可能是土地、资本；40年前，可能是人力资源、知识资源。现在，这些组织内部资源的重要性并没有消失，但其决定性的地位都要让位于组织外部的心智资源（占据一个定位）。没有心智资源的牵引，其他所有资源都只是成本。企业经营中最重大的战略决策就是要将所有资源集中起来抢占一个定位，使品牌成为顾客心智中定位的代名词，企业因此才能获得来自顾客心智中的选择力量。所以，这个代名词才是企业生生不息的大油田、大资源，借用德鲁克的用语，即开启了"心智力量战略"（mind power strategy）。股神巴菲特之所以几十年都持有可口可乐的股票，是因为可口可乐这个品牌本身的价值，可口可乐就是可乐的代名词。有人问巴菲特为什么一反"不碰高科技股"的原则而购买苹果的股票，巴菲特回答说，在我的孙子辈及其朋友的心智中，iPhone的品牌已经是智能手机的代名词，我看重的不是市场份额，而是心智份额（大意，非原语）。对于巴菲特这样的长期投资者而言，企业强大的心智资源才是最重要的内在价值及"深深的护城河"。

衡量企业经营决定性绩效的方式也从传统的财务盈利与否，转向为占有心智资源（定位）与否。这也解释了为何互联网企业即使不盈利也能不断获得大笔投资，因为占有心智资源（定位）本身就是最大的成果。历史上，新生产工具的诞生，同时会导致新生产方式的产生，这种直取心智资源（定位）而不顾盈利的生产方式，是由新的生产工具带来的。这不只发生在互联网高科技产业，实践证明传统行业也完全适用。随着第三次生产力革命的深入，其他产业与非营利组织将全面沿用这一新的生产方式——第三次"更聪明地工作"。

伟大的愿景：从第三次生产力革命到第二次文艺复兴

第三次生产力革命将会对人类社会的"上层建筑"产生何种积极的影响，现在谈论显然为时尚早，也远非本文、本人能力所及。但对于正大步迈入现代化、全球化的中国而言，展望未来，其意义非同一般。我们毕竟错过了前面两次生产力爆炸的最佳时机，两次与巨大历史机遇擦肩而过（万幸的是，改革开放让中国赶上了这两次生产力浪潮的尾声），而第三次生产力浪潮中国却是与全球同步。甚至，种种迹象显示：中国很可能正走在第三次生产力浪潮的前头。继续保持并发展这一良好势头，中国大有希望。李泽厚先生在他的《文明的调停者——全球化进程中的中国文化定位》一文中写道：

注重现实生活、历史经验的中国深层文化特色，在缓和、解决全球化过程中的种种困难和问题，在调停执着于一神教义的各宗教、文化的对抗和冲突中，也许能起到某种积极作用。所以我曾说，与亨廷顿所说相反，中国文明也许能担任基督教文明与伊斯兰教文明冲突中的调停者。当然，这要到未来中国文化的物质力量有了巨大成长之后。

随着生产力的发展，中国物质力量的强大，中国将可能成为人类文明冲突的调停者。李泽厚先生还说：

中国将可能引发人类的第二次文艺复兴。第一次文艺复兴，是回到古希腊传统，其成果是将人从神的统治下解放出来，充分肯定人的感性存在。第二次文艺复兴将回到以孔子、庄子为核心的中国古典传统，其成果是将人从机器的统治下（物质机器与社会机器）解放出来，使人获得丰足的人性与温暖的人情。这也需要中国的生产力足够发展，经济力量足够强大才可能。

历史充满了偶然，历史的前进更往往是在悲剧中前行。李泽厚先生曾提出一个深刻的历史哲学：历史与伦理的二律背反。尽管历史与伦理二者都具价值，二者却总是矛盾背反、冲突不断，一方的前进总要以另一方的倒退为代价，特别是在历史的转型期更是如此。正是两次世界大战付出了惨重的伦理道德沦陷的巨大代价，才使人类发现了泰勒生产方式推动历史前进的巨大价值而对其全面采用。我们是否还会重演历史，只有付出巨大的代价与牺牲之后才能真正重视、了解定位的强大功用，从而引发第三次生产力革命的大爆发呢？德鲁克先生的实践证明，只要知识阶层肩负起对社会的担当、责任，我们完全可以避免世界大战的再次发生。在取得这一辉煌的管理成就之后，现在再次需要知识分子承担起应尽的责任，将目光与努力从组织内部转向组织外部，在顾客心智中确立定位，引领组织内部所有资源实现高效配置，为组织源源不断创造顾客。

现代化给人类创造了空前的生产力，也制造了与之偕来的种种问题。在超大型组织巨大的能力面前，每一家小企业、每一个渺小的个人，将如何安放自己，找到存在的家园？幸运的是，去中心化、分布式系统、网络社群等创新表明，人类似乎又一次为自己找到了进化的方向。在秦制统一大帝国之前，中华文明以血缘、家族为纽带的氏族部落体制曾经发展得非常充分，每个氏族有自己独特的观念体系："民为贵""以义合""合则留，不合则去"等。不妨大胆地想象，也许未来的社会，将在先进生产力的加持下，呈现为一种新的"氏族社会"，每个人、每个组织都有自己独特的定位，以各自的专长、兴趣和禀赋为纽带，逐群而居，"甘其食，美其服，安其居，乐其俗"，从而"各美其美，美人之美，美美与共，天下大同"。人类历史几千年的同质性、普遍性、必然性逐渐终结，每个个体的偶发性、差异性、独特性日趋重要，如李泽厚先生所言："个体积淀的差异性将成为未来世界的主题，这也许是乐观的人类的未来，即万紫千红百花齐放的个体独特性、差异性的全面实现。"在这个过程中，企业也将打破千篇一律的现状，成为千姿百态生活的创造者，生产力必然又一次飞跃。

人是目的，不是手段。这种丰富多彩、每个个体实现自己独特创造性的未来才是值得追求的。从第三次生产力革命到第二次文艺复兴，为中国的知识分子提供了一个创造人类新历史的伟大愿景。噫嘻！高山仰止，景行行止，壮哉伟哉，心向往之……

邓德隆

特劳特伙伴公司全球总裁

写于 2011 年 7 月

改于 2021 年 11 月

译者序

1969年，特劳特先生开创了"定位"概念：如何在潜在顾客的心智中实现差异化，从而建立认知优势。40年后的今天，特劳特先生给我们带来了"重新定位"概念：如何调整潜在顾客心智中的认知。

其实，重新定位概念最早出现在特劳特先生《定位》一书中，是关于如何为竞争对手贴上负面标签，进而为自己建立起正面的定位。当竞争激烈的环境中已经找不到空白市场，要想让自己进入消费者的心智，必须动摇已有的观念和认知，将竞争对手从已有的位置上挤掉。

为何在30年后重新提出"重新定位"？为何重新定位的时代已经到来？

重新定位是应对如今3C时代——"竞争"（competition）、"变化"（change）和"危机"（crisis）——的战略营销之道。

进入21世纪，竞争在全球范围内愈演愈烈。对于高速发展的中国经济，竞争的爆炸式增长更是不言而喻的。从大宗物品到高科技产品，从制造业到服务业，中国消费者在改革开放的 30 年中，经历了由"无可选择"到"无从选择"的过程。选择的激增已远远超过消费者心智的承载能力。随着市场经济的发展，企业间的竞争不断加剧，企业不仅需要重新定位理论在这个没有空白的市场上立足，更需要重新定位理论来指导自己不断演变，迎接竞争对手不断发起的挑战。

全球化的今天，每项新技术都会以迅雷不及掩耳之势辐射全球的每个角落。随之而来的变化会摧毁一个企业，也同样带来机遇。

施乐错过了激光打印术，惠普却因此建立起一项巨大的业务。

柯达对数码技术的迟疑造就了之后很多的数码摄影技术公司。

对仓储式卖场的应对不力，让西尔斯公司辉煌不再，却产生了今天的沃尔玛、麦德龙和家乐福等零售巨头。

电子商务的出现威胁到传统实体零售业。在中国，我们看到淘宝、当当和京东等一批网上商城的兴起。

……

由科技驱动的变化迫使企业不断演变，从名字到产品，从销售渠道到目标顾客，从技术开发到广告公关，而这些演变都要靠调整顾客心智中的认知才能最终完成。

《重新定位》是面对世界大环境的，但对中国同样意义重大。特劳特先生曾不止一次提到"中国处在十字路口上"，并提醒我们中国需要创新和品牌。虽然此次中国可谓顺利化解金融危机，但是这次危机让中国意识到作为世界工厂的严重掣肘和品牌的重要作用。然而，中国却缺少品牌，尤其是世界品牌，在 2009 年 8 月美国《商业周刊》公布的世界最有价值品牌 100 强名单中，中国品牌无一上榜。没有品牌，就意味着处在商业食物链的底端，利益饱受冲击。中国的下一步是创建自己的品牌。令人庆幸的是，近些年来，中国已有越来越多的企业家意识到定位的重要性，并将其付诸实践。但也有很多企业依然在品牌延伸、降价促销的歧途上行进着。

《重新定位》是特劳特先生40年商业经验的结晶，是对定位理论的完善和创新。作为打造品牌的重要理论，此书的出版正逢中国企业急需品牌的时候，对中国企业而言可谓及时雨。而中国巨大的市场潜力，也正好可以让"重新定位"实现其意义，因为无论是"定位"还是"重新定位"，都需要践行才能体现价值。

邓德隆
特劳特伙伴公司全球总裁

前言

本书的写作，并不容易，原因在于，我已就同一主题出版过许多本著作。假如让你重述一个始于1969年的话题，能否避免重复？

回答是：不能。所以，一些热心读者可能会发现，书中有部分内容在我的其他15本书里已经提及。若确实如此，也请大家多包涵。但是，本书同样也收录了许多新素材，它们能够更好地反映商业世界的最新动态。

多年前，我与前合伙人共同写作了《定位》(*Positioning: The Battle for Your Mind*)。最近，这本书被评选为"有史以来100本最佳商业图书"之一。书中提出的"定位"（positioning）一词，已日益成为重要的商业术语。然而，与"定位"一同提出的概念——"重新定位"（repositioning），并未获得太多关注。现在，正是"重新定位"在商业世界大显身手的时候。其中原因，可归纳为"3C"，即三个以字母"C"打头的英文单词：竞争（competition）、变化（change）、危机（crisis）。

有趣的是，在1980年出版的《定位》一书中，"重新定位"仅在第8章中出现,当时是指为竞争对手贴上负面标签的方法。

如何运用"重新定位"应对竞争,我将在后续章节中详述。"重新定位"作为一项竞争战略,在当今商界的运用已经多过以往(虽然与我预期的数量仍有差距)。对于最新的一些案例,我个人比较欣赏丹尼(Denny)餐厅。通过为国际连锁薄饼屋(IHOP)等竞争对手贴上"甜食早餐"(candy breakfast)的负面标签,丹尼餐厅表明自己才是"真正的早餐"(real breakfast)。

在政界,给竞争对手"重新定位"是最不遗余力的。以政治为业的人们已将其升华为一种科学。共和党人送给约翰·克里㊀"墙头草"的标签,你是否记得?这种说法虽有失公允,却相当有效。后来,民主党在2006年中期选举扳回一城:他们给共和党贴上了"无能"的标签。有所不同的是,共和党执政期间应对卡特里娜飓风和金融危机的举措,印证了"无能"的说法不仅公允,而且有效。

重新定位,应对变化

提出"重新定位"概念的初衷,是为了应对竞争。后来,重新定位主要用以应对席卷众多领域、让人目不暇接的技术变革。哈佛大学教授克莱顿·克里斯坦森(Clayton Christensen)曾写过一本颇具分量的书,名为《创新者的窘境》(*The Innovator's Dilemma*)。他在书中提出了"颠覆性技术"(disruptive technologies)这一概念,并阐述了"颠覆性技术"如何使得众多管理卓越的公司失去行业领先地位。

无论是通信、电脑、医疗设备、胶卷等复杂品类,还是零售、教科书、

㊀ 约翰·克里作为美国民主党前候选人,曾参加2004年美国总统大选,负于共和党候选人乔治·布什。——译者注

贺卡、课堂培训等简单品类，都将因为变化而遭受损失。在稍后章节中，我们将深入探讨这一话题。

无巧不成书。克里斯坦森书中引述的案例涉及多家科技企业，其中有不少恰好是我的客户。我的工作就是通过重新定位来协助它们应对技术带来的变化。诀窍在于，找到一种方法调整顾客认知，以化解这些变化带来的巨大威胁。

克里斯坦森在书中提到了数字设备公司（Digital Equipment Corporation，DEC）的消亡。数字设备公司在其辉煌时期，曾凭借小型计算机业务位居全球第二大计算机企业之席。在一次与公司创始人肯·奥尔森和他弟弟斯坦·奥尔森的会议上，我们提出一项重新定位战略，帮助其应对台式电脑时代的到来（IBM 的个人电脑正是台式电脑的代表），因为这项技术已对小型计算机构成威胁。但是，肯·奥尔森最终选择等待和观望，打算先看 IBM 怎么做，然后再"迎头赶上"（这无异于德国军官在诺曼底战役中坐视盟军大举登陆，却按兵不动）。

在施乐公司，我曾向其 CEO 提出重新定位战略，协助施乐应对激光打印技术的威胁，因为该技术已对传统的文档复印业务造成破坏。可惜，这位 CEO 未能看到改变既定战略的紧迫性和必要性（反倒是惠普，因为采用激光打印技术而开创了一项庞大的业务）。

在西尔斯百货，我曾经提出重新定位战略，帮助其对抗大型连锁卖场的竞争。因为这些新对手的崛起，西尔斯在曾经占据主导地位的市场上备受挤压。然而，历史再度重演。西尔斯的管理层并未对其战略实行调整，未采取能让企业继续生存的措施。西尔斯的近况表明，管理层当时的做法大有问题。

毫无疑问，《创新者的窘境》指出了问题所在，但克里斯坦森未能提出应对"变化"这一挑战的竞争战略。对于重新定位，他并不理解。

重新定位，应对危机

危机（crisis）是离我们最近的那个C。首先，我们遭遇了一场宏观经济危机。㊀突然之间，整个经济环境的急剧恶化只能用"异常可怕"来形容，全世界的企业都必须调整战略规划。此时，重新定位再次发挥作用。具体来说，就是企业如何调整顾客认知，以传递"物有所值"这一存在于每个人心智中的概念。你能看到的是很多企业采取价格促销的做法。韩国现代汽车的促销活动主题，就是"假如你失去工作，我们会将车购回"。其他企业呢，要么是低价销售，要么是买一赠一，再不然就是深度折扣。

对于食品品牌在竞争中彰显"物有所值"的做法，你或许有所留意。德尔蒙（Del Monte）宣传其罐装食品比冷冻食品更有价值。Oscar Mayer 熟食店的宣传口号，则是"味道鲜美不打折"。其中含义，不言自明。

在微观经济层面，我们同样遭遇危机。像美国国际集团（AIG）或通用汽车（GM）这样的公司，为了延续企业生命，不得不进行清晰的重新定位。但是，这在商业中总是比较棘手的问题。因为试图改变心智，向来都不容易，有时甚至是不可能的。

竞争、变化、危机这三重挑战横在眼前，你就会明白"重新定位"作为战略之道的时代终于来临。那么，就请继续阅读吧。

杰克·特劳特

㊀ 这里指2009年爆发的金融危机。——译者注

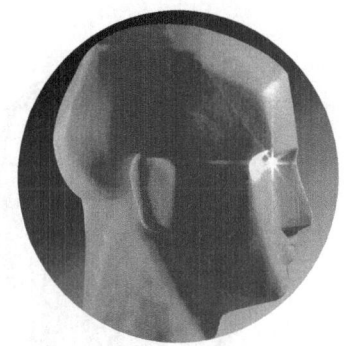

第一部分 01

竞争

> 在战争中,因仁慈而产生的错误是最为有害的。
>
> ——克劳塞维茨

我在商业领域工作多年,若说有哪一件事发生了剧变,那便是竞争水平的惊人提升。当今世界,竞争愈演愈烈,毫无消减之势。

市场增长时,竞争并非如此激烈。换句话说:水涨船亦高。那么,水位下降时,你的生意从何而来?答案很明显:来自其他船。所以,种种原因迫使你不得不拿起武器,做好进攻竞争对手的准备。

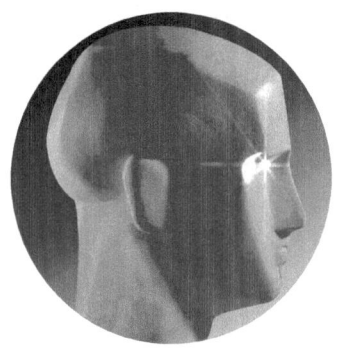

第1章
基础原理

首先，让我们回顾一下定位的本质，这很重要，因为它是重新定位的基础。这就难免会提及我以前的一些书籍，倘若你对这些内容记忆犹新，还请忍耐一下。

定位是指如何让你在潜在顾客的心智中与众不同。同时，定位也是有关传播过程中心智运作原理的系统知识。

重新定位是指你如何调整认知，这些认知可以是关于你的，也可以是关于竞争对手的（后续章节会有进一步论述）。在以上两种情况下，为了使战略发挥作用，你都需要明白心智是如何运作的，或者说人们是如何思考的。

我们已就这一主题出版了很多书籍，撰写了很多文章，也发表了很多演讲。如果有读者全都错过了，那么下面的内容就是对心智运作原理和定位关键原则的简要总结。

一旦理解了心智如何运作，你就能更好地为实施定位和重新定位进行准备。

心智疲于应付

心智可能仍然是个谜，但我们对一件事确信无疑：心智正遭受攻击。

很多西方国家现已成为"传播过载"的社会。媒体的爆炸式增长和随之而来的信息量的增加，已经严重影响到人们接受或者忽略媒体提供信息的方式。

传播过载已然改变了向人们传递信息及其对人们产生影响的整个过程。20世纪70年代的"信息过量"，已经演变为新世纪的"信息汪洋"。

下面这些数据生动地描述了这一事实：

- 近30年产生的信息比过去5000年还要多。
- 印刷品的信息总量每隔四五年翻一番。
- 《纽约时报》每个工作日刊登的信息量比17世纪一个英国人终生接触到的信息量还要大。
- 全世界每天出版4000多种图书。
- 每位白领员工平均每年用掉70千克复印纸,是10年前的两倍。

数字化信息的狂轰滥炸

在这个传播过载的世界中,数字化信息的情况又如何呢?

据《科学美国人》杂志报道,全球互联网有数亿个页面,并且仍以每天上百万个页面的速度不断增加。

地球上你所在的每个角落,都可以接收到卫星源源不断地发来的信息;在英国,一个孩子年满18岁时,已经接触过140 000条电视广告;在瑞典,普通消费者平均每天接收的广告信息高达3000条。

说起广告,欧洲的11个国家平均每年播放600多万条电视广告,电视频道从十来个暴增至上千个。这一切意味着,你的差异化概念必须尽可能地简单明了、显而易见,并通过所有媒体重复不断地传递出去。正如每个政治家都会坚守"政治立场"一样，市场营销人员必须坚守"差异化"。

心智憎恨混乱

人类是有史以来所有生物中最依赖学习的物种。

学习是动物和人类获得新信息的途径，而记忆则是储存信息的方式。记忆不仅仅是记住电话号码的能力，更是一个运用于各种思维处理活动的动态系统。我们利用记忆观察事物，理解语言，寻找出路。

既然记忆如此重要，那么让别人记住自己的诀窍是什么呢？

据说，当被问及哪件事对自己发现相对论最有帮助时，爱因斯坦的回答是："弄清如何思考问题。"

抓住问题的本质就成功了一半，这通常意味着要深刻地了解竞争对手以及他们在人们心智中的位置。

重要的不是你想要做什么，而是竞争对手允许你做什么。

"简单"的力量

一些产品的基本概念本身就预示着产品的失败：不是因为这些产品毫无效果，而是因为它们毫无意义。想想 Mennen 维生素 E 除臭剂，你就明白了。你理解得没错，这款产品就是往腋窝里喷洒维生素。除非你想要拥有全美国最健康、最营养的腋窝，否则就没有意义。这款产品很快便宣告失败。

想想苹果公司的牛顿机。它既是传真机、传呼机，又是日程表，还是手写式电脑，太复杂了。牛顿机已经不复存在，而更简单的 iPhone 却获得了巨大的成功。

心智痛恨复杂和混乱,因此进入心智的最佳方法就是简化信息。一些最有力的广告都聚焦在一个词上(沃尔沃:安全;宝马:驾驶)。记住,不要试图将信息和盘托出,要聚焦在一个强有力的差异化概念上,使其植入潜在顾客的心智中。

解决问题的简单方法往往在脑海中一闪而过,能否找到这种方法与智力水平的关系不大。如果说其中有什么诀窍,那就是不要对你所处理的信息手下留情。

别人与你讲得一样好的信息,大胆删除;需要复杂分析来论证的信息,抛诸脑后;任何与顾客心智不符的信息,避免提及。

心智缺乏安全感

解决问题不能仅靠纯粹的逻辑,因为心智既是感性的又是理性的。人们为何购买某种商品?如何解释消费者在市场中的行为?

如果询问消费者购买某种商品的理由,他们的回答通常不太准确,也没什么实际意义。

或许,他们可能了解真正的购买原因,但不想吐露实情。然而,更多的情况是,他们确实对自己的真实动机知之甚少。

在回忆信息的过程中，心智总是能记起那些早已不存在的事物。例如，一个知名品牌即使不再投放广告，人们对它的记忆还是会保持很长一段时间。

20世纪80年代中期，有人对厨房搅拌器做了一次认知调查。顾客被要求说出他们记得的所有搅拌器品牌，结果通用电气（GE）排在了第二位。让人吃惊的是，通用电气停止生产搅拌器已有20年的时间了。

跟风购买

通常，人们会购买自己认为应该拥有的东西。他们会像绵羊一样，随着羊群盲动。

大部分人真的需要一辆四轮驱动的汽车吗？（不）若是真的需要，那为什么几年前这种车没有流行呢？（尚不时髦）

缺乏安全感是造成从众行为的主要原因，这是一个许多科学家都在广泛探讨的问题。如果你的产品已经上市很长时间，人们会对你更加信任，在购买时也更有安全感。这解释了为什么"经典"是一个很好的差异化因素。

造成心智缺乏安全感的原因有很多，其中之一是消费者在进行诸如购买决策这类基本活动时所感知到的风险。

- 金钱风险：我买这个东西可能会损失钱。
- 功能风险：它可能不好用，或者不如想象中的那么好用。
- 人身风险：它看起来有点危险，我可能会受伤。
- 社会风险：如果我买了它，朋友会怎么想呢？
- 心理风险：如果我买了它，我可能会感到内疚，或者觉得自己不负责任。

这就解释了人们为什么总是同情弱势品牌，却又购买领导品牌。如果其他人都在买，那么我也应该买。

心智不可改变

试图改变消费者心智的努力是徒劳无功的。

- 施乐曾试图说服消费者，除了复印机，施乐生产的其他产品也物有所值，结果损失了数亿美元。没人会买施乐的计算机，但人们依然会买它的复印机。
- 可口可乐试图说服消费者，它的新产品比"正宗货"更好，结果使得声誉和金钱双双受损。没人购买"新可乐"，但经典可乐一如既往地畅销。
- 纯果乐（Tropicana）去掉了包装上那只受欢迎的"插着吸管的橙子"，消费者马上一片哗然。他们需要那只橙子，而不是看起来类似超市自有品牌的包装。于是，那只橙子又被请回来了。

如果消费者已经认准了一款产品，不要去改变他们的心智。

也就是说，重新定位不是去改变人们的心智，而是要调整心智中的认知。这一点会在后面的章节中详细阐述。

心智会丧失焦点

丧失焦点完全是由品牌延伸造成的，品牌延伸问题在营销界最具争议性。

企业从经济学角度看待它们的品牌。为了获得成本效益和业界认可，企业乐于将一个高度聚焦的品牌变为一个丧失焦点的品牌，使原本代表一种产品或概念的品牌，代表两种或更多产品或概念。

我们应该从心智的角度看待品牌延伸问题。一个品牌所代表的产品越多，越容易失去焦点。长此以往，原本高度差异化的品牌（比如雪佛兰汽车），日渐在人们心智中失去意义。

Scott 曾经是卫生纸品类的领导品牌，在品牌延伸后，增加了 Scotties、Scottkins 和 Scott Towels，但是，很快，购物清单上的"Scott"变得毫无意义。结果，Charmin 卫生纸趁机夺取了领导地位。品牌延伸与"重新定位"有着天壤之别（详见第 6 章）。某些专家会告诉你要建立一个有包容性的主品牌。不要听信他们，这么做的后果只会让一个品牌混乱不堪。

---— 出人意料的调查结果 ———

70% 的新产品都是在现有品牌名下推出的。有鉴于此，你可能认为，品牌延伸一定能得到相关数据的支持，但事实恰恰相反。

《消费者营销杂志》（*Journal of Consumer Marketing*）曾引述一项在美英两国举行的大规模调研，涉及 5 个市场的 115 种新产品。该调研对比了两种情况下推出产品所赢得的市场份额：一种情况是采用既有品牌或企业品牌推出的产品，另一种情况是采用新品牌推出的产品。

每种商品上市两年后,再对其市场份额进行统计。结果,品牌延伸产品的表现远不如使用新品牌的产品。

《哈佛商业评论》(*Harvard Business Review*)曾发布一项关于品牌延伸的调查。调查发现,品牌延伸削弱了品牌形象,扰乱了贸易关系。

尽管有诸多反面例证,品牌延伸的诱惑在营销领域却始终阴魂不散,后果便是:品牌遭到削弱,"货品化"威胁日益蔓延,侵袭一个接一个的商品品类。

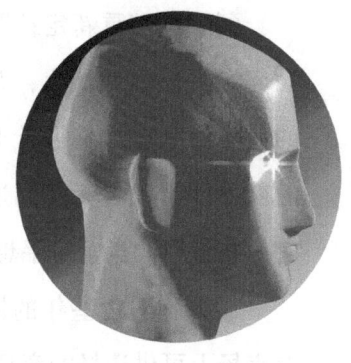

第2章
竞争时代的到来

每一项"重新定位"战略都以心智中的竞争为起点。你想做什么,并不重要。重要的是,你的竞争对手允许你做什么。除非你拥有一项绝妙的新发明,或者无意间进入垄断行业,否则总会有一些强悍的竞争对手想方设法夺取你的地盘。

假如你对近些年的情况不甚了解,那么就看看市场上可供选择的商品数量吧。

竞争的激增

近几十年来,商业世界已发生巨变,几乎每个产品品类的选择数量都有了惊人的增长。据估计,美国市场上有 100 万个标准存货单位(SKU)。在一家普通超市里,标准存货单位的数量为 40 000 个。而令人吃惊的是:一个普通家庭只需 150 个标准存货单位便能满足 80% ~ 85% 的日常生活所需。这意味着,超市里其他 39 850 个标准存货单位极有可能被忽视。

回到 20 世纪 50 年代,买汽车不过是在通用、福特、克莱斯勒或者美国汽车(American Motors)⊖提供的车型中做出选择。今天,你依旧可以在通用、福特和克莱斯勒中选择,但你的选项

⊖ 美国汽车曾经是美国第四大汽车公司。20 世纪 80 年代末,它被克莱斯勒所收购。——译者注

还包括了讴歌、阿斯顿·马丁、奥迪、宾利、宝马、本田、现代、英菲尼迪、五十铃、捷豹、吉普、起亚、路虎、雷克萨斯、玛莎拉蒂、马自达、奔驰、三菱、日产、保时捷、劳斯莱斯、萨博、土星、斯巴鲁、铃木、大众和沃尔沃。20世纪70年代早期，市场上有140种车型，如今则超过300种。

汽车轮胎的选择面就更广了。过去，只有固特异、凡世通、将军和西尔斯。今天，仅在一家名为The Tire Rack的零售店中，你就能像选购雅芳（Avon）店里的化妆品一样，从以下品牌中挑选轮胎：固特里奇、普利司通、马牌、Dick Cepek、邓禄普、凡世通、Fuzion、将军、固特异、韩泰、Hoosier、锦湖、米其林、倍耐力、住友、优耐陆和横滨。

今日与往昔的最大不同在于：以前都是本土公司在国内市场上相互竞争，如今随着市场的全球化，所有公司在全球各地展开竞争，抢夺所有对手的生意。

医疗保健业的竞争

我们来看看医疗保健这样的基本需求。过去，美国人都有指定的医生、定点就诊医院、蓝十字协会，以及安泰/美国卫生保健（Aetna/US Healthcare）、Medicare或Medicaid医疗保险。现在，定点医院的竞争对手不仅包括本院医生创立的独立诊所，而且包括同一城市的其他医院，以及其他城市或其他州的医院在当地开设的分部。

甚至一些全国性的医院，如梅奥诊所和克里夫兰诊所也加入了区域市场的竞争。梅奥诊所总部位于明尼苏达州，但在斯科茨代尔（亚利桑那州）和杰克逊维尔（佛罗里达州）都设有分院。克里夫兰诊所的知名度虽不及梅奥诊所，但同样受到高度评价。这家诊所也已走出俄亥俄州，将分部开设到佛罗里达、加拿大多伦多，甚至阿拉伯阿布扎比。

你需要医疗保险吗？（谁又不需要呢？）如果你生活在新泽西州，你可以在6家大公司之间选择：安泰、AmeriHealth、信诺保险集团（Cigna）、HealthNet、地平线蓝十字蓝盾公司（Horizon Blue-Cross BlueShield）和Oxford。看上去，消费者只要了解情况，似乎不难做出选择。但是，别忘了：这6家公司提供100多种保险计划（当你费尽力气翻完所有文件时，很有可能患上严重的偏头痛）。

从华盛顿传来的最新消息是：奥巴马政府计划提供自己的医疗保险品牌。

多如繁星的选择让人们迷失了方向，以至于像《美国新闻与世界报道》(*U.S.News & World Report*)这样的杂志已开始对医院和保健组织进行评级，为消费者决策提供更多便利。你想知道2009年最受欢迎的医疗保健计划吗？请登录杂志官网查询。

联邦政府和几乎所有的州政府都向大众公布医疗卫生"报告卡"，你可以从中找到医生和医院的排名。排名的评估标准包括临床治疗结果、会员满意度、行政管理数据、专业及组织相关数据。

或许，你更倾向于从非政府机构获取医疗信息。HealthGrade.com是一家独立的卫生保健评价机构，在业界处于领导地位。它提供的报告和排名覆盖750 000名医生、5000家医院，以及

16 000家养老院。

面对让人一片迷茫的选择，人们甚至不担心生病，反而更担心去哪里看病，才能获得更好的治疗。

消费电子产品的竞争

假如你想上街购买新的CD播放器、录音机、音箱和耳机，你可以逛逛当地一家百思买（Best Buy）商店。在音响走廊稍加浏览，你就会发现有21个品牌可供选择：博士、Chestnut Hill Sound、Coby、Crosley、天龙、哈曼卡顿、Insignia、ION Audio、杰士、罗技、Numark、松下、飞利浦、先锋、宝丽声、夏普、Sonos、索尼、Stanton、Technics以及雅马哈。（你是否感到耳朵疼呢？）

由于大部分音响组件可以任意组合，这就意味着你能搭配出超过100 000种各不相同的立体声音响系统。（现在，我们知道你肯定耳朵疼了。）

竞争正在蔓延

前面描述的是美国市场的情况。接下来看看像中国那样的新兴国家的情况。中国消费者现在每次购物时的选择正在不断增加。他们既可以选国内品牌，也可以选国外品牌。最近的一项调查显示，一个由品牌食品构成的国内市场正开始在中国形成。日前，中国已有135个"全国性"食品品牌可供选择。

有的市场则远未兴起。一些国家，比如利比里亚、索马里和坦桑尼亚，因为过于贫穷和动荡，选择还仅仅是人们心中的一丝希望而已。

细分法则

选择不断增多,其推动力量是细分法则。我们在《22条商规》[⊖]中曾论述过这一点。

好比变形虫在培养皿里分裂,营销战场可被视为一个不断扩展的品类汪洋。

一个产品品类出现时,往往是单一形态,如电脑。随着时间的推移,这个品类分裂成很多细分品类:主机电脑、小型机、工作站、个人电脑、掌上便携式电脑、笔记本和手写输入电脑。

与电脑一样,汽车最初也是单一品类。三大品牌——雪佛兰、福特和普利茅斯,主导了市场。接着,品类出现了分化。如今,市场上有豪华轿车、中等价位轿车和经济型轿车;大型轿车、中型轿车和紧凑型轿车;跑车、敞篷车、小型轿车、混合动力汽车、柴油汽车、四驱车、越野车、休闲娱乐车、微型厢式车、多功能跨界车和巨无霸车(超大号的客货两用车)。

在电视行业,美国广播公司(ABC)、哥伦比亚广播公司(CBS)和国家广播公司(NBC)曾经拥有90%的电视观众。现在我们有了网络电视、独立电视、有线电视、卫星电视和公共电视。如今,一个接入电视的家庭有900个频道可供选择(CNN在25频道,高尔夫在145频道,Encore

---

⊖ 此书中文版已由机械工业出版社出版。——译者注

Western 在 353 频道，高清动物星球在 757 频道）。面对这么多频道，如果你打算浏览并找寻中意的节目，等你找到了，它也快结束了。

品类"分化"的过程势不可挡。倘若你心存疑虑，就看看表 2-1 吧。

表 2-1　竞争激增

项目	20 世纪 70 年代早期	20 世纪 90 年代晚期
汽车型号	140	260
肯德基菜单项目	7	14
汽车式样	654	1 212
油炸玉米饼品种	10	78
运动型休闲车款式	8	38
早餐谷类食品	160	340
个人电脑型号	0	400
软件名称	0	250 000
软饮料品种	20	87
瓶装水品牌	16	50
牛奶品种	4	19
高露洁牙膏	2	17
杂志品种	339	790
漱口水	15	66
新书品种	40 530	77 446
牙线	12	64
社区大学	886	1 743
处方药	6 131	7 563
娱乐公园	362	1 174
非处方止痛药	17	141
电视机屏幕尺寸	5	15
李维斯牛仔裤款式	41	70
休斯敦电视频道	5	185
跑鞋款式	5	285
广播电台	7 038	12 458
麦当劳食品项目	13	43
隐形眼镜种类	1	36

"选择业"

选择的激增,催生了一个致力于帮人们做出选择的完整行业。前面我们已提到公共医疗卫生"报告卡"。

无论你走到哪里,都会有人就各种事情向你提供建议,比如在8000只共同基金中选哪一只,如何在圣路易斯找到合适的牙医,以及如何在数百家商学院中挑选合适的MBA课程。(谁能帮我在华尔街谋个差事?)

互联网上遍布着大大小小的网络公司,它们可以帮忙寻找和挑选你能想到的任何东西,并且都承诺提供最低价格。

产品品类和选择大量涌现,使得《消费者报告》(*Consumer Reports*)和《消费者文摘》(*Consumers Digest*)等杂志,只能通过轮流更替报道对象来应付。唯一麻烦的是,这些杂志涉及太多细节,以至于让你比开始阅读时更加迷惘。

消费心理学家认为,大量的选择正把我们逼疯。听听卡罗尔·穆格博士关于这个话题的评论:"太多的选择,触手可及,应有尽有,使得孩子和成年人停滞于幼稚。从营销的角度看,人们停止关注、不再留意,变得像生产鹅肝的肥鹅一样臃肿疲惫,丧失了决策能力。他们退缩起来,保护自己免受过度的刺激。他们感到厌倦了。"

选择会成为阻力

通常的观点认为，更多的选择能吸引消费者。然而正如穆格博士所指出的，更多的选择其实是一种阻力。实际上，它会抑制人们的购买动机。

来看一份关于401（k）养老计划参与情况的员工调查。针对69个行业的647个养老计划，研究者对800 000个参与者的数据进行了研究。结果如何呢？随着基金选择范围的拓宽，员工参与率反而下降了。选择过多导致混乱，而混乱的后果则是"不必了，谢谢"。

斯沃斯莫尔学院（Swarthmore）社会心理学教授巴里·施瓦茨撰写过一本关于选择阻力的书，名为《选择的悖论》（*The Paradox of Choice*）。他在2006年的一次行业论坛上讲道：

> 人们被选择压垮，以至于有失去行动能力的倾向。太多的选择加大了人们延缓决策的可能性。它提高了人们的期望，让人们为做出糟糕的选择而自责。如果只有两条牛仔裤可以选的话，你不会期望太高，但如果有几百条牛仔裤可供选择的话，你会期望找到一条完美的。㊀

必须小心

如果你忽视自己的独特性，试图满足所有人的所有需求，很快就会破坏品牌的差异化。雪佛兰就是这样的例子。雪佛兰曾经是物有所值的家用

㊀ 摘自杰克·特劳特所著的《与众不同》（*Differentiate or Die*），此书已由机械工业出版社出版。——译者注

轿车，处于市场主导地位，但它想给自己添加"豪华""运动""小型"和"卡车"的特性。于是，雪佛兰的差异化逐渐消失，生意也随之变得惨淡。

一旦忽视市场的各种变化，品牌的差异化的重要性就会减弱。看看数字设备公司（DEC）的遭遇：DEC曾是全美领先的小型电脑生产商，但由于忽视了一点，即技术的变化成就了台式电脑在办公场所的主导地位，DEC的差异化变得不那么显著了。后来，DEC被康柏（Compaq）所吞并，消失无踪，而康柏紧接着也被惠普公司收购。

如果你处于强大对手的阴影笼罩下，却从未建立自己的差异化，那么你永远都是虚弱无力的。看看西屋电气吧。由于从未逃离通用电气的阴影，西屋电气如今已不复存在。再看看固特里奇（Goodrich）。多年来，固特里奇总在不断进行技术革新，而固特异（Goodyear）却夺走了它所有的功劳。由于品牌名与最大对手的名字相混淆，固特里奇几乎不可能在潜在顾客的心智中将自己和固特异区别开来，从未有顾客说："我们去买固特里奇轮胎吧。"

这是一个毫无怜悯之心的世界，而且竞争只会愈演愈烈。因此，你必须学会制定重新定位的战略，应对竞争对手。

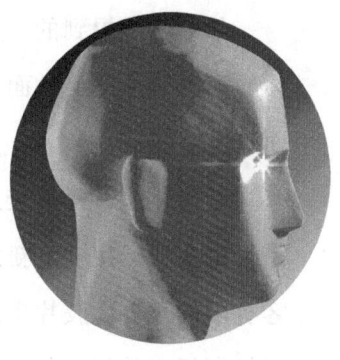

第3章
重新定位竞争对手

如前言中提到的，重新定位的最初定义是为你的竞争对手贴上负面标签，从而为自己建立正面定位。

近些年来，经济衰退导致消费支出缩减，于是很多公司运用"重新定位"的竞争方法争夺顾客有限的预算。胶片生产商柯达公司，推出了喷墨打印机，并将其与"某些大型打印机公司"的昂贵产品做比较，以彰显自己"经济实惠"。柯达甚至派人制作专门的网页，方便顾客上网计算因为购买竞争品牌而遭受的经济损失。苹果电脑嘲讽个人电脑（PC）"呆板、无趣"，从而建立"苹果很酷"的正面认知（更多内容详见第8章）。

同样，麦当劳正试图给星巴克贴上"装腔作势的咖啡"这一负面标签，以此推销自己的拿铁和卡布奇诺。麦当劳甚至自建网站 Unsnobbycoffee.com⊖，确保人们无须学习"第二语言"就可以点单。

谨慎攻击

有时，品类中没有赢家。

沃顿商学院的张忠（John Zhang）教授发现：

⊖ Unsnobbycoffee 意思为"不用装腔作势的咖啡"。——译者注

"互相贬斥、充满敌意的广告可能适得其反。安海斯-布希公司（Anheuser-Busch）和米勒（Miller）这两家啤酒制造商，因为这种贬低别人、褒奖自己的广告而闻名。这类广告非但不会吸引消费者，反而可能使人们对该品类的所有产品都失去兴趣。这又会导致企业降低价格来吸引顾客，进而拉低整个行业的利润。"㊀

当你准备向竞争对手发起攻击时，一定要做好"对方反戈一击"的心理准备。例如，金宝汤公司（Campell's）去年为新推出的即食汤品进行广告宣传，声称它的竞争对手浦氏公司（Progresso）使用了MSG（谷氨酸单钠）。后来，浦氏公司予以回击，揭露金宝汤公司也在使用MSG，结果两败俱伤。

多年前，Scope漱口水攻击李施德林（Listerine）会让顾客满口"药味"，从而为李施德林贴上了"口味不佳"的负面标签。这为Scope漱口水建立了"口味好"的定位，但是事情并未按计划发展。李施德林运用坦诚法则，用"你痛恨的味道，一天两次"的概念予以回击，意在强调：既然药味这么重，肯定能杀死很多细菌。这真是"针锋相对，互不相让"。

寻找弱点

重新定位竞争对手往往是在领导者的强势中寻找弱点，并进行攻击。你没看错，我们就是指在领导者的"强势"中寻找弱点，而不仅仅是去寻找弱点。有时领导者会有一些弱点，但那仅仅是弱点而已，并不是其强势中的固有部分。也许，他只是忽略了这个弱点，或者不愿去关注，或者是忘记了。但还有另一种弱点，它是由强势造成的。如安飞士（Avis）曾经的广

㊀ Knowledge.wharton.upenn.edu/article.cfm?articleid=1496;accessed June 14, 2006.

告语："选择安飞士吧，我们柜台前的队伍更短。"面对这一攻击，赫兹（Herz）公司几乎很难做出反击。作为最大的租车公司，这是赫兹公司的固有弱点，也是多数领导者无法回避的弱点。

类似的战略思想可以用来对付无处不在的强大对手。你该怎样对付金宝汤公司呢？不要打味道和价格的主意。实际上，你应该忘了罐头盒里的所有东西，而把注意力集中在罐头盒本身，这才是金宝汤公司的薄弱之处。

铁质的罐头盒容易生锈，但金宝汤公司生产铁质罐头盒的设备价值上亿美元，它绝不会轻易放弃这些设备。然而，新的竞争者不会受制于此，它们可以尝试塑料、玻璃或无菌包装，然后就可以和金宝汤公司玩"踢罐头"游戏了。

不要奢望企业会很快接受这些战略思想。具有强大竞争威力的重新定位概念很难推销出去，因为这些概念本质上带有负向因素，有悖于多数管理者根深蒂固的"正向思考"。

山泉水之战

有时，一家公司的营销是其薄弱之处。俄罗斯排名第一的矿泉水品牌是Aqua Minerale。实际上，该品牌为百事可乐公司所有，因此它的营销无懈可击也就不足为奇了。通过掩饰水源产地，百事可乐公司实现了对该品牌的有效定位。它在这一品牌的名字中加入了"矿物质"一词，在商标上印上了山脉图案，借此让消费者相信水源来自山区，这一招颇为高明。

俄罗斯市场上最早的矿泉水品牌是 Borjomi，由于它是老品牌，很多老顾客把它当作矿泉水的领导者。但是，该品牌并没有好好利用这一点，而是进行了品牌延伸，推出了"清爽 Borjomi"和" Borjomi 泉水"，此举削弱了品牌力量。

显而易见的战略是对 Aqua Minerale 进行重新定位，在广告中揭穿它并非真正的山泉水，只是伪装的山泉水，而真正的山泉水才是最好的。怎么做呢？你只需要把两个品牌的商标并排摆在一起，加上这样的大标题：

你无法通过商标辨识真正的山泉水

在 Aqua Minerale 商标的下面，你可以写："这瓶水并非产自山区。"在 Borjomi 的商标下面，你可以写："这瓶水来自山区，大自然出产最好水的地方。"

在柔道中，你学习如何利用对手的力量来反击。以上正是运用对手的强势营销进行反击的经典案例。

攻击必须引起共鸣

任何时候，当你为竞争对手贴上负面标签时，它必须很快得到顾客认同。人人都知道李施德林口味不好，但并不是人人都知道星巴克"装腔作势"，这个概念无法引起共鸣。罐头汤里有"MSG"的概念则过于复杂，也不易引起共鸣。

当公猪王（Boar's Head）熟食宣传自己的肉类食品和芝士不含人工色素、人工调味剂和反式脂肪的时候，它是在对竞争对手进行重新定位，让人们觉得竞争对手的产品不好。这种做法可以引起人们的共鸣。为什么？因为公猪王的产品价格高昂，并且在高档、质量有保障的熟食店或美食店销售，这些店的声誉都建立在高品质之上。

或者换一种说法，问问自己，这个概念在心智中是否会产生爆炸效应。当你陈述你的概念时，顾客应该很快赞同，无须进一步的解释或论证。这一概念应该显而易见，不用长时间思考。如果一个概念缺乏爆炸效应，或者需要冗长的解释，那它就不是一个重新定位竞争对手的好概念。头脑中的爆炸效应意味着顾客瞬间接受，完全同意，没有任何疑问。

与价格无关

试图将竞争对手重新定位为"价格昂贵"，通常不是好战略。

一般而言，价格是差异化的敌人。从词义角度看，做到"差异化"就应当物有所值。差异化为顾客支付略高价格（至少是同等价格）购买某项产品或服务提供了理由。

然而，当企业的信息传播或营销活动聚焦于

价格的时候，你就开始在破坏顾客将品牌视为"独一无二"的机会。你的行为，会让价格成为顾客选择你而不是你的竞争对手的主要考虑因素。这不是一条正道。

很少有公司因为诉求低价而得到满意的结果。理由很简单，因为每个竞争对手都有铅笔。有了铅笔，他们可以随时标低价格，你的优势也就会随之消失。

正如哈佛大学教授迈克尔·波特所说：如果竞争对手能把价格降得和你一样低，那么降价通常是愚蠢的行为。

廉价胡萝卜

我们来举个例子，作为对波特观点的支持。一家创业公司开发出了一套专为微型胡萝卜设计的独特包装系统。这套包装系统，使得这家公司相比业内现有的两家大公司具有绝对的价格优势。

为了挤上超市的货架，这家公司以更低价格，而不是"更好胡萝卜"的概念进入市场。两家大公司立即降价，与新公司持平。这迫使新公司把价格降得更低，而那两个对手又一次把价格降到相同水平。

有位董事要求这家新公司的管理层预测事态进展，管理层认定两家大公司不会继续降价，因为那是"不理智"的行为。由于包装技术陈旧，两家大公司正在亏钱。

那位董事打电话给我们，询问我们如何看待管理层的预测。我们告诉他，那两家公司继续降价的行为完全是理智的。这两家公司已经主导了市场，怎么会让一家拥有价格优势的新公司轻易进入市场呢？他们对过去的状况非常满意。

> 在下一届董事会上，我们鼓励新公司的管理层把新的生产系统卖给其中一个老品牌。新公司从中获利丰厚。
>
> 皆大欢喜，但又一个低价战略倒台了。

大卫·奥格威论价格

大卫·奥格威（David Ogilvy）是像罗瑟·瑞夫斯和比尔·伯恩巴克那样的传奇人物，他对低价交易和价格的一些有力言论，值得我们经常回味：

- 傻瓜也会做低价买卖，但是创建品牌需要的是天分、信念和锲而不舍的精神。
- 经济上的回报并不总是体现为下一季度的每股收益，但终会来到。当菲利普·莫瑞斯公司以50亿美元买下通用食品公司时，它是在购买一批品牌。
- 从前有一个前景被看好的咖啡品牌——蔡斯山伯（Chase & Sanborn）。后来这个品牌开始进行低价交易，并开始沉迷于降价。蔡斯山伯后来下场如何？消失得无影无踪了。
- 致力于用广告为品牌建立一个有利形象和突出个性的生产商，将获得最高的利润、最大的市场份额。

- 是时候敲响警钟了。如果那些品牌还在低价交易上花这么多钱而没有多余的钱做广告,就得警告它们执迷不悟的后果了。
- 低价交易不会给品牌建立一个牢不可破的形象,而只有靠这种形象,你的品牌才会成为美国生活的一部分。⊖

攻击的关键

大卫·奥格威的意思是必须为品牌树立正面的形象,这正是发动攻击的关键所在。为竞争对手贴上负面标签的目的就是为自己树立正面形象。多年前,红牌伏特加(Stolichnaya)为美国的竞争对手贴上了"美国制造"的负面标签,称它们是"假冒俄国伏特加",从而为自己建立起"正宗俄国伏特加"的定位。

许多年前,宝马在进入美国市场时,把奔驰重新定位为"终极乘坐机器",借此为自己建立起"终极驾驶机器"的长期定位。重新将奔驰定位为"车轮上的起居室",确实可以引起人们的共鸣,因为当时奔驰确实在生产大型豪华轿车。宝马的第一代产品是3系,与今天的7系相去甚远,7系其实也是"乘坐机器"。我不喜欢大型宝马车,因为它不是驾驶机器而是高科技乘坐机器。正因为如此,你很少看到这种车在路上行驶。

一个被遗弃的正面定位

在委内瑞拉,我曾经为一个番茄酱品牌Pampero提供定位咨询。Pampero请我们去的时候,它已被德尔蒙特(Del Monte)和亨氏挤下了

⊖ 摘自大卫·奥格威《50周年午餐会上的演讲》,1986年3月18日于纽约市广告研究基金会。

第一的位置，正在走下坡路。Pampero需要一个差异化概念，超越当时提出的"更红"或"更好"的诉求。

为什么Pampero更好？它如何处理番茄呢？经过一番调查后，我们发现Pampero给番茄去了皮，从而使口味和色泽更好，而强大的竞争对手在生产过程中都没有给番茄去皮。

这是个有趣的概念，因为许多人都知道若以整只番茄为原料，大部分菜品都要求去皮。Pampero可以利用"去皮带来更好质量和更佳口味"的认知。

当我们告诉公司管理层，这是重建Pampero品牌认知的最好方法和唯一方法时，他们变得非常不安。因为公司为了降低成本正准备转向不去皮的自动生产流程（德尔蒙特和亨氏的方式），管理层不想听到维持传统加工方法的建议。

我们的建议是停止工厂现代化计划，因为"去皮"才是差异化概念。与强大竞争对手采取同样的做法无异于自取灭亡。正确的做法是努力为你的竞争对手贴上"不去皮"的负面标签，建立自己"去皮"的正面定位。但是，这一重新定位战略未能付诸实施，让人深感遗憾。

将对手归位

在为数不多的情况下，重新定位战略不是为竞争对手贴上负面标签，而只是将处于领导地位的竞争者归位，或者应该说，将其归为第二位？我们曾为西班牙橄榄油生产商提供了这样的建议。

西班牙是真正最大的橄榄油生产国，这一点极少有人知晓。西班牙的橄榄油产量通常占世界总产量的 1/2 以上。作为第二大生产国，意大利的产量只及西班牙的一半。事实上，西班牙的产量比其他所有国家的总产量还要多。

但这里有个大麻烦：虽然西班牙的橄榄油产量遥遥领先，但很多人认为意大利才是橄榄油之王。因此，西班牙生产了大部分的橄榄油，但意大利靠自己的橄榄油品牌赚走了大部分的钱。意大利人是怎么做的？他们从西班牙购进橄榄油，包装后当作意大利橄榄油出售。西班牙又该怎么做？西班牙的橄榄油生产商向我们咨询这一课题。我们的战略包括以下三个步骤。

第一步是明确将西班牙重新定位为"世界第一的橄榄油生产国"。这一鲜为人知的事实必须进入橄榄油顾客和潜在顾客的心智中。西班牙的产量信任状是信息传播的重要部分，因为产量超过所有竞争者的总和是个很棒的故事。但意大利已经占据了顾客心智，所以必须找到一种途径把意大利重新定位为"使用西班牙橄榄油的生产国"。

第二步是通过借用历史事实将这一信息进行戏剧化的表达，我们建议西班牙通过广告表述如下信息：

> 2000 年前，
> 罗马人就是我们最好的顾客，
> 现在，他们还是。

该表述的要点是，意大利人在品尝橄榄油时，总能辨认出高质量的橄榄油，因为意大利烹饪举世闻名。这一概念意义重大。最后，还有另外一个问题，即要进行的第三步。

第三步是关于身份识别的问题。如果人们开始找寻西班牙橄榄油，怎样才能找到？我们为此设计了一个标贴，使顾客能很容易地识别出西班牙橄榄油：将一张印有"100%西班牙橄榄油"的简单标志，贴在每个装有纯正西班牙橄榄油的罐子和瓶子上。

这其实与"安飞士只是第二"的广告恰恰相反，我们为意大利重新定位，使其回到它本来的位置：第二位。

重新定位货品

讨论了橄榄油，再让我们看看其他商品。即使像肉类和农产品这样的产品，也能找到重新定位的方法，进而开创出独特卖点。它们的成功战略可归纳为以下五个方面。

（1）识别。普通香蕉贴上金吉达（Chiquita）的小标签，就变成了更好的香蕉。都乐（Dole）也是这么做的，它给菠萝贴上都乐的标签。Foxy的莴苣，每一棵都装在透明包装袋内，也是同样的道理。当然，接下来你要告诉人们，为什么要认准这些标签。

（2）**代言形象**。绿巨人（Green Giant）这一人物形象，为一系列不同品种和形态的蔬菜实现了差异化。弗兰克·珀杜（Frank Perdue）⊖则成为鲜嫩鸡肉背后的强硬人物。

（3）**开创新品类战略**。香瓜生产者想为一种特别的大个香瓜建立差异化。他们并没有简单地把它叫"个大"，而是推出一个新品类，叫可丽香瓜（Crenshaw melon）。泰森公司（Tyson）想推销一种迷你鸡，但听起来会让人感觉不那么好吃，于是便推出了考尼司游乐鸡（Cornish game hens）。

（4）**更换名字**。有时候，产品的原名听起来不像是人们愿意吃的东西，比如中国的醋栗，但在改名为奇异果之后，世界上突然多了一种深受顾客喜爱、人人乐于品尝的水果。

（5）**为品类重新定位**。多年来，猪肉就等同于猪，这在人们头脑中浮现的画面就是泥塘里打滚的小动物。后来，猪肉搭上了鸡肉的顺风车，变成了"另一种白肉"。这是种非常好的做法，因为当时红肉（主要是牛肉）在认知层面出现了问题。（不幸的是，此一时彼一时。"禽流感"的出现拖累了猪肉生产商，而这在营销中很难事先预料。）

⊖ 弗兰克·珀杜在美国开创了第一个广为人知的鸡肉品牌，并亲自出任广告代言人。——译者注

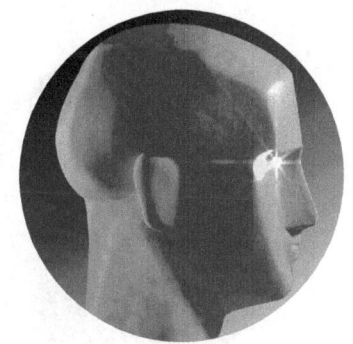

第二部分 02 变化

万物恒变,唯有变化不变。

——赫拉克利特

若不加以小心提防,"变化"会比任何事物更能让一家公司快速消亡。如同竞争一样,变化的速度也在加快,这很大程度上是因为"颠覆性技术"。

即使是规模最大的公司,也难逃变化的破坏和摧残。事实上,公司越大,越难生存下去。你去公司"墓地"走走看,就会发现一些昔日的庞然大物已寂如死灰。

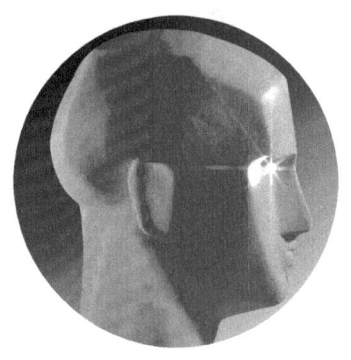

第4章
面对变化,进化是关键

除了近年来竞争的加剧，变化的加快还带来了另一大挑战，这让商业活动愈发困难。而驱动变化的力量，来自科技的发展。

表 4-1 两种技术

现有技术	颠覆性技术
卤化银胶卷	数码摄像
有线电话	无线电话
电路交换通信网络	包交换通信网络
笔记本电脑	掌上电脑
个人电脑	索尼家用综合电脑娱乐平台
提供全方位服务的股票经纪人	网上股票经纪人
纽约和纳斯达克股票交易所	电子交易网络（ECN）
新财产和债券的全额保险	新财产和债券的网上降价拍卖
基于银行职员个人判断的信用决定	基于信用分类系统的自动贷款决定
实体零售业	网络零售业
工业材料经销商	德斯公司和 Exsteel 这样的网络经销点
纸质贺卡	网络可下载贺卡
电力公司	分散式发电站（燃气涡轮、迷你涡轮、燃料电池）
管理研究生院	企业大学和内部管理培训项目
课堂和校园教学	远程教育，以互联网为代表
标准的课本	定制的模块化电子教科书
胶版印刷	数字印刷
载人战斗轰炸机	无人战斗轰炸机
用 C++ 语言编写的微软操作系统和应用软件	网络协议（IP）和 Java 软件协议
医师	护理师
普通医院	门诊诊所和家庭护理
开放式手术治疗	使用关节内窥镜和内腔镜摄片投影仪的手机治疗
核磁共振成像（MRI）和 X 射线扫描技术（CT）	超声器——起初是落地式，最终为便携式

资料来源：Clayton M. Christensen, *The Innovator's Dilemma* (Boston, Harvard Business School Press, 1997-2000).

对这一现象的描述，没人比得过克莱顿·克里斯坦森的著作《创新者的窘境》。我建议每个人都买一本来读读，哪怕只读序言就已经很物有所值了。

克里斯坦森发明了"颠覆性技术"这个词，并认为这是现有技术及这些技术所支持的公司的敌对力量

表 4-1 是该书中的一些例子，从中能感受到科技所导致的变化，这真是可怕。

进化至关重要

看看电脑行业的惨烈竞争。IBM 曾主导大型计算机市场，却一直忽略了小型计算机的崛起。但就技术而言，小型计算机要比大型计算机简单得多。数字设备公司（DEC）开创了小型计算机市场。之后，通用数据（Data General）、普莱莫（Prime）、王安、惠普和利多富（Nixdorf）等公司纷纷加入。但接下来，这些公司忽略了个人电脑市场的兴起，从而造就了苹果、康莫多（Commodore）、天迪（Tandy）和 IBM 的 PC 分部。这些曾经辉煌的大公司，存活至今的仅有三家：IBM、惠普和苹果，原因在于它们都在不断进化，如 IBM 进入了集成电脑服务领域，惠普进入了激光打印和个人电脑领域，苹果则推出了 Mac、iPod 和 iPhone。

传统邮件 vs. 电子邮件

作为传统邮件市场的王者，必能宝（Pitney Bowes）当前所处的困境最能生动体现技术变革带来的挑战。1901年，亚瑟·皮特尼（Arthur H. Pitney）为其发明的第一台带日戳的现代邮资计费器申请了专利。多年来，这些设备一直都属于关键技术，但现在越来越无足轻重，因为世界正逐步转向电子邮件。黑莓手机可以发送电子邮件，为什么还要邮寄呢？不用拣选、无须邮票、即刻传递，电子邮件不愧为一项"颠覆性技术"。毫无疑问，必能宝需要重新定位，而措施也是显而易见的。

首先，公司必须认识到必能宝品牌大势已去，能维持多久尚不可知，而现有设备赚取的利润应该用来投资新品牌或新业务。放弃一个延续百年的品牌并非易事，但历史悠久并不能带来帮助。这是西联公司（West Union）问题的重现：电话代替了电报，更便宜、更快捷，还可以说更多话。

接下来，在老品牌慢慢淡出的同时，公司需要建立新的品牌和业务。这当然不容易，因为世界已经与1900年大不相同了。一直以来，必能宝公司都运营良好，但不知下一个百年将会怎样。若把它比作一匹马，未来可谓征途漫漫。

硅图公司的悲剧

这出悲剧的主角是一家已不复存在的公司，我们曾有机会亲历其中。

1995年7月，硅图公司（Silicon Graphics）如日中天，其他计算机公司则难以匹敌。《商业周刊》[⊖]曾报道：

> 它那惊人的三维图像电脑在复活《侏罗纪公园》的可怕恐龙中起到主

⊖ *"The Sad Saga of Silicon Graphics"*（"硅图公司的悲剧"），《商业周刊》，1997年8月。

要作用。任天堂（Nintendo）公司采用相同的技术为马里奥兄弟（Mario Brothers）进行脸部整形手术，设计新一代街机游戏，销量一路攀升。截至 6 月 30 日财政年度结束时，公司年收入增长 45%，达到 22 亿美元，远超其他竞争对手。最值得一提的是：CEO 爱德华·麦克拉肯是白宫的常客，与比尔·克林顿和阿尔·戈尔交往甚密。硅图公司魅力四射，华尔街的一位分析员甚至称其为"新一代的苹果"。

当然，现在人们可以说"它根本不是苹果"：2009 年 4 月，这颗陨落的高科技新星将其资产以 2500 万美元的价格出售。管理不当与颠覆性技术的冲击，最终导致公司的败亡。它原本可以死里逃生吗？或许是的。

我们曾有机会回答这一问题。当时 Windows 和 Intel 技术（Wintel）㊀开始进军 3D 技术领域，价格比硅图公司的专利技术低得多。

我们的建议是，硅图公司不应追逐 Wintel 的风潮，而应坚守高性能计算技术，因为公司在该领域拥有足够的实力。当然，专注这一特定领域就意味着要放弃迅速增长的机会。硅图公司应该重新定位，努力使自己成为 IT 行业的保时捷。有

㊀ Wintel 即 Windows-Intel 架构，是指由微软 Windows 操作系统与英特尔 CPU 所组成的个人计算机。

哪个 IT 人士不想拥有高性能的计算机呢？退而求其次的做法，则是紧跟太阳微系统公司和个人计算机制造商的步伐，这也是公司正在做的事。

我的观点是，在夹缝中存活下来，总胜过衰败破产。很显然，这家公司没有采纳我们的建议。

持续性技术

最受欢迎的进化之道，是利用新创意对品牌进行升级。为现有产品找到新用途的做法，保住了很多品牌的性命：

- 得益于 3M 公司的努力，透明胶带有了 300 多种不同的用途，而消费者每天又会想出成百上千种用法。
- 玻璃纤维被用在鱼竿、隔音设备、防火材料、空气过滤器和织物中（仅 1941 年，"玻璃丝"产品的专利就高达 350 个）。
- 直升机曾是战争中的著名装备。现在，新西兰的牧民将其作为交通工具，用来看管羊群。

另一种保持与时俱进的方法是增加服务。在加利福尼亚的沃森维尔，Granite Rock 公司向当地的建筑承包商销售石头和沙子。租用卡车运输大量建筑材料的成本，是每分钟 1 美元甚至更多，因此速度很重要。

如何提高速度？该公司开发出一种类似 ATM 机的自动装货系统。插入身份识别卡之后，它会自动装货并打印收据。这种系统被称为 Granite-Xpress，以前的装货时间为 24 分钟，现在仅需 7 分钟。

如果你珍惜顾客的时间如同他们的金钱，你可能会考虑研制自动交易的设备。以快捷的机器代替传统的人工，将带来真正的差异化。

这样,你的员工就能腾出时间做更多需要智慧的工作。Granite Rock 公司连续 5 年被《财富》杂志评为"100 个最佳工作场所"之一,看来绝非巧合。

好名字的威力

有时,公司名称会成为前进的阻力。

国际服务社(International Service Agent)创立于 50 年前,在国际慈善服务中扮演着重要角色。通过在办公场所进行宣传,它已为赈灾、经济和教育援助筹资 10 亿美元。这些捐助用于非洲孤儿院的建设;在厄瓜多尔购买美洲驼,从而创造家庭收入;为贫穷妇女设立编织项目,生产在本国市场销售的手工布料。

此外,该机构组织这些慈善活动的管理经费,要远远低于行业平均标准。

该组织的网络域名——www.Charity.org,非同凡响,但它的品牌名"国际服务社"引起了广泛的误解。很多潜在的捐赠者都认为它是政府的一部分,但它不是;也有些人认为它会得到联邦基金,但它不会。

我们建议更换新的品牌名,董事会接受了这一建议。"全球影响力"(Global Impact)更准确地表述了该组织的任务和工作。毕竟,该组织开展的每个新项目,都具有全球范围的影响力。

坏名字的弊端

有个名为"SciFi"的电视频道，想在有线电视领域将自己重新定位成"不仅仅是科幻"的频道。这听起来很合理，但它的想法是：我们叫自己"Syfy"频道吧。

第一眼看到这个名字时，没人知道它代表什么（当然，它的发音和以前完全一样）。

之后，该公司举行了声势浩大的2009年纽约市宣传活动。董事长大卫·豪宣布："新品牌Syfy是为了迎接媒体行业的新发展。"

这种无厘头的事，还是别干的好。

在命名游戏中，总有让人惊讶的事情发生。看看这些"坏名字纪念堂"的成员，它们需要立即进行重新定位。

- "洛丽塔"（Lolita）⊖：英国伍尔沃斯（Woolworth）商场销售专为六岁女孩设计的儿童床，名为"洛丽塔"，但愤怒的父母很快便让这种床撤下了货架。
- "因酷百姿"（Incubus）跑鞋：锐步在推出"因酷百姿"女式跑鞋之后不久，便发疯似地将其撤回。新闻报道很快揭露了该词的负面定义："Incubus，一种邪恶的灵魂，会附在女性身上并在其熟睡时与她做爱。"这个名字就此消失。

当你发现自己被一个愚蠢的、具有伤害性的名字连累时，请果断放弃它。1985年，高露洁收购"黑人"（Darkie）牙膏⊖。此品牌始于1920年，商标是一个黑人歌手的头像。很显然，20世纪20年代的招数在80年代就

⊖ Lolita在英文中代表早熟的性感姑娘。——译者注
⊜ Darkie是蔑视黑人的称呼。——译者注

不再好用了。高露洁很快对它进行了重新定位。通过改变一个字母,改成"Darlie",它不再有轻蔑的意思。商标中的标志人物也换成了一个模糊了种族、戴着大礼帽、穿着燕尾服的人。多么狡黠的重新定位。

如何进化

随着市场的演进,你在重新定位过程中必须做的一个重要决策,是如何处理品牌。换句话说,是沿用现有的品牌,还是推出子品牌,抑或是创立新品牌。

必能宝公司的故事你已知晓,它需要一个新品牌。在后面的章节中,你还会读到莲花(Lotus)软件公司的故事,该公司沿用了原有的莲花品牌。你还将读到蔻驰(Coach)皮革制品公司和其他公司推出子品牌的故事。你已听过硅图公司的故事,它沿用了原来的品牌却选错了发展方向。你也已经知道"品牌延伸",但这通常不是个好战略。

有时,这取决于你试图进入哪个市场。如果你想进入低端市场,正如你下面要读到的,你需要一个子品牌,这样就不会削弱基础品牌的认知价值。如果你要进军高端市场,那就有点复杂了。凯迪拉克标价5万美元的阿兰特(Allante)一点儿也不成功,因为这个品牌缺乏尊贵感。在此情况下，它需要一个新品牌和用来推广品牌的大笔资金。

销售渠道的进化也可能带来麻烦。Quick Silver 是经营冲浪和滑板运动服饰的热销品牌，通过小型冲浪器材经销商进行销售。它原本可以发展大型经销商，在短时间内销售很多产品，但这是针对年轻人的"酷"品牌，而该公司的创始人认为："大"是"酷"的敌人。

因此，在阅读下面部分的时候，请记住上述内容。如果还是无法决定，可以给我们打电话。

瞄准低端市场

有时，食物链另一端的客户——他们通常被大部分公司忽视——可能是你为公司重新定位或建立新品牌的最佳选择。

- 比如支票兑现公司，它是我们社会中一种庞大、鲜为人知而又赚钱的金融组织。它通常将办公室设在银行不敢踏足的市中心，为没有银行户头的个人客户提供支票兑现服务。支票的一部分——合法部分被扣除作为佣金，客户得到剩余的部分。在金融服务业的这一低端市场上，支票兑现公司已经将业务扩展到电子账单支付、贷款和许多附加的盈利服务。

- 零售商也开始涉足低收入人群的市场。亚马达集团（The Yamada Group）是巴西一家新型的连锁商场和超市，它为那些备受当地黑市经济之苦的穷人提供信用卡。亚马达信用卡只能在亚马达连锁店使用，但这对于构成其顾客基础的渔民、椰子摊贩、金矿工人和街边小贩来说已经相当好了。该集团的业绩也相当不俗，拖欠率低于正常水平，而利润则高于正常水平。该连锁超市的总经理说，亚马达的贫穷顾客对信用卡甚是感激，因此会及时还款。

瞄准高端市场

爱尔兰的 C & C 集团成功地将其苹果酒饮料 Magners Original 重新定位成英国市场上的高端饮品。

"现在苹果酒是很酷的饮品,但它并非一贯如此。"C & C 集团的 CEO 告诉《时代周刊》:"它曾被认为是公园长凳上流浪汉的饮品。"[一]

通常苹果酒是装在大塑料瓶里打折销售的,这与它的低端形象相得益彰。为了应对 20 世纪 90 年代开始的产品滞销,该集团决定对其改头换面。其采取的重新定位的主要措施包括:

- 将酒精含量降为 4.5%(和大部分的啤酒一样)。
- 加重苹果味。
- 停止在酒吧和小酒馆销售。
- 用精美小瓶替代大塑料桶。
- 提高价格。
- 最重要的是,将新配方饮料推广为加冰饮品,而非普通的在室温下可饮用的传统苹果酒。

将苹果酒进行瓶装是明智之举,不仅因为 C

[一] Thomas Grose, "How Do You like Them Apples?" *Time*, May 17, 2007.

& C 可以因此赚更多的钱，而且因为消费者可以将 Magner 这个品牌拿在手里（散装产品真的很难建立品牌）。

加冰饮用的想法其实源自爱尔兰传统。它基于一个很简单的事实：很多爱尔兰小酒馆没有大冰箱，所以消费者通常会加冰饮用。

新瓶子上的标签鼓励酒吧老板和顾客加冰饮用。仅一年时间，Magners 苹果酒的销量便增长了 260%。

分销渠道的进化

如前所述，分销渠道的进化可能会比较复杂，但只要你不破坏现有的渠道布局和品牌形象，你就可以开发新的渠道。这里有一些例子：

- 2009 年，一家投资公司买下破产的利纳斯（Linens N'Things）公司并将其转型为一家只从事网上交易的公司。它依然生产 20 万件家庭用品，但现在它的成本要比实体经营的竞争者低得多。
- 在走上专营之路之前，Nuprin 不过是布洛芬（Ibuprofen）的跟风品牌。后来该品牌被 CVS 医药连锁店㊀收购，CVS 成了它的独家经销商。
- 多年来，特百惠（Tupperware）家用塑料制品仅在家庭主妇的聚会上推销，但如今越来越多的家庭夫妇两人都在外工作，特百惠不得不想其他办法销售自己的产品。现在它的储藏箱在塔吉特超市进行售卖。
- 雅芳化妆品出现在迪图（Ditto），以吸引网上百货商场里的顾客。
- 即使是德高望重的弗雷德·罗杰斯，《邻居罗格斯先生》（*Mister*

㊀ CVS 是美国最大的药品零售商。——译者注

Rogers Neighborhood）少儿节目的创始人，也为其温馨短剧找到了新的销售渠道。他在美国公共广播公司（PBS）网站上推出了互动节目，在www.misterrogers.org网站上推出了一系列少儿故事。嗨，网络世界形势大好啊！

这些说明了什么呢？你总能找到别的渠道来销售你的产品。直邮、网络、大型商场店铺、机场店铺、送货上门——想想你可以用的其他方法。

以融合实现进化

多年来，我们一直批评"融合"，说它不是推动产品进化的好方法。

发明多功能产品需要一种不同的舍弃，设计多功能产品迫使设计师为了更多功能而放弃一项杰出的单功能设计。

一辆好车能同时是一艘好船吗？当然不是。如果你要真正快的汽车，买一辆法拉利；如果想买快艇，就买一艘雪茄赛艇（Cigarette boat）。

F1赛车的高级轮胎能同时用于高级轿车吗？当然不能（赛车轮胎没有胎纹）。

人们要的是品类中最好的产品，而不是兼有多个品类特征的混合产品。

人们不想为了实现其他功能而放弃产品的重要特性。企业能制造出产品，但不能保证消费者会购买。

如果你的产品功能繁多却乏善可陈，而不是功能单一但表现突出，那你就没有差异化。

融合成其他产品

只有当融合或创造出的产品成为另一种新产品时，融合才可行。看看手机行业，多亏了iPhone、黑莓以及其他手机，手机已经不仅仅是通话工具了。你可以用手机上网、玩游戏、查询道路、拍照等。手机功能越来越多，它已经不再是单纯的手机了。它已演变成掌上电脑，功能繁多。这也是为什么人们看手机的时间多于打电话的时间。你手中的这个玩意已经变成了可以通话、听音乐，也可以阅读（只要你愿意）的电脑屏幕。

我们正迅速进入这样的时代：人们既不看脚下的路，也不看身边的人。我们将要面对的，是一个粗鲁无礼的世界：人们都紧盯着自己手中的小小电脑。而最严峻的情况，将发生在下一代孩子们的身上。

进化的成功与失败

企业在进化中取得成功，有各种原因。

麦肯锡公司项目主管理查德·福斯特曾在《加利福尼亚管理评论》（*California Management Reviews*）的一篇文章中简要地列出了失败的原因：

1955年电子管行业的10家领先企业，到1975年只剩下2家。在这些历史案例中，导致失败的原因有三种：一是决定不投资新技术；二是选择投资新技术，但是方向错了；三是企业文化。失败的公司是因为无法兼得熊掌和鱼，即一方面要扮演过时技术的捍卫者，另一方面又试图扮演新技术的开拓者。㊀

福斯特指出，像英特尔和摩托罗拉这样的公司不会受内部矛盾和惯性的限制，当公司规模不断壮大时，它们能够自我创新。而其他公司，如美国无线电公司（RCA），则不能应付多样的技术，昔日辉煌成了它们无法走出的泥潭。

与RCA形成对照的，是日本精工（Seiko）株式会社的手表业务。20世纪60年代，精工主导着日本手表市场，但日本手表在国际市场上只是个小角色。精工的高层管理团队进行了一场大胆的赌博，公司立志成为手表行业的全球领先者。它尝试了其他振动技术（石英、机械和音叉振动），这使精工从单一的机械手表制造商转变为一家石英和机械手表制造公司。

进军低成本、高质量手表的战略使精工转向大规模生产模式，这种模式继而在世界范围的手表行业中推广开来。尽管瑞士人发明了石英和音叉振动技术，但他们选择重新投资机械振动技术。

㊀ M. L. Tushman and C. A. O'Reilly III, " Ambidextrous Organizations:Managing Evolutionary and Revolutionary Change," *California Management Review* 38, no. 4 (1996), pp. 8-30.

最终，石英振动赢得了振动技术之战，成为行业标准。当精工和其他日本同行高歌猛进时，瑞士人却损失惨重。

"内向思维"之弊

如果一家企业能够长期保持增长，那么它就被视为成功的企业。这种成功会滋生"我们无所不晓"的企业文化。为什么不会呢？毕竟，所有证据都说明管理者和员工确实对企业了如指掌。

时日一长，自豪感会导致过分自信或盲目自大。当人们认为自己知道答案而别人不知道的时候，他们不会重视他人的意见（尤其是局外人），因为这看来是在浪费时间。

这有什么不利后果吗？一家内部导向的公司将不可避免地错失新的机会，忽视竞争对手的威胁，误读顾客需求的变化。一旦你对机会和危险视而不见，忧患意识就弱化了。忧患意识的弱化，导致企业无法从外部寻找新的机会和问题。于是，骄傲自满不断膨胀。

成功创造了企业规模、市场力量和特权文化，这一切又会导致内向思维、对外部现实理解不足，以及纠正问题的紧迫感的完全丧失，这样的例子数不胜数。

重新定位的成功来自外向思维，这才是市场所在。

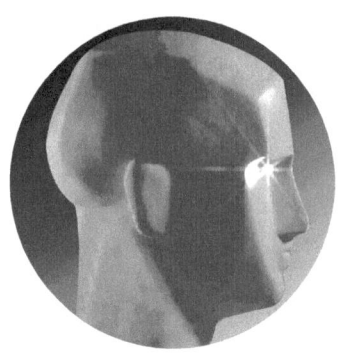

第5章
企业愈大,变革愈难

大，是变化的敌人。

规模膨胀带来的组织僵化、自我中心、既得利益及其他不良问题，使得企业难于应对这个变幻莫测的世界。环顾四周，都是一些庞然大物的残骸，比如美国国际集团（AIG）、通用汽车、美林证券、花旗银行等。重新定位需要一定程度的灵活性，而庞大的企业规模即便不会完全丧失这种灵活性，也会带来很大的限制。假如你想扩大规模，就应该效仿联合科技（United Technologies）公司。联合科技公司拥有大量独立运作的专家型品牌，比如奥的斯电梯、开利空调、塞考斯基直升机、普惠飞机发动机和诺顿电子。在必要情况下，上述每个品牌都可以进行重新定位，而不会对企业的其他部分造成影响。你认为很多人知道奥的斯电梯属于联合科技吗？而这又有什么关系？世界变化越来越快，但这些品牌都保存着应对变化的灵活性。

如果对企业规模扩张的课题加以研究，你会很快找到大量对规模效应提出质疑的调查和分析。研究结束后，你一定很想知道，那些陷入并购狂热症的CEO究竟是怎么想的。

首先，让我们从学院派开始。

"大组织"情结

人们对这样的业界风气有着深信不疑的迷思：巨型企业能够大幅提高经济效率。但两位经济学家用400页的著作来挑战这一看法。在1986年出版的《大组织情结》（*Bigness Complex*）一书中，沃尔特·亚当斯和詹姆斯·布罗克指出，对"做大规模"的痴迷是美国经济衰落的症结所在。

后来的事实显示，他们错误预测了"经济衰落"，恰恰相反，美国的经济增长惊人；他们也没有料到，这些大公司后来自行瓦解，因此也无须政府政策来阻止其盲目做大；他们更没有料到，是高科技领域中小型公司的剧增，推动了美国经济的增长。"未来无法预测"的法则，再次得到验证，但在"做大"这个问题上，两位经济学家的结论确有见地。

"大"不等于更有效率

基于大量原始资料和观察分析，两位作者得出结论，大企业的"大"很少能够对企业产生促进作用，更常见的是破坏生产效率。

他们的主要发现如下：

- 相对于国内市场来说，最合适的工厂规模应该很小。
- 在比"最优规模"更小的工厂里，生产效率低下的可能性小得惊人。
- 制造工厂的分散，只带来规模经济的一些微损失。

难怪大企业用更小型的新式工厂取代大型综合制造基地，也许它们已经发现，规模和复杂性所引发的问题，已无法通过自身得到解决。

大企业利润低

加利福尼亚大学安德森管理学院教授理查德·罗曼尔特（Richard Rumelt）对于"大"的见解非常有趣。在接受《麦肯锡季刊》采访时，他表达了以下观点。㊀

季刊：理查德，换个话题，可以谈谈你对多元化和聚焦的研究吗？

理查德·罗曼尔特：好，我对企业战略的第一次研究发现，一定程度多元化但相对聚焦的公司，往往会比高度多元化的公司业绩更好。几十年来，这个发现一直没变。依照财务理论，企业多元化可以降低风险，但商业现实中的多元化，更多是为了保持高增长而非规避风险。最冒险的公司——初创公司和处于起步阶段的公司高度聚焦。只有增长趋于平稳，原有业务毫无扩张的可能时，企业才想进行多元化经营。突然之间，太多的现金流让它们无所适从。

季刊：为什么高度多元化的公司利润低呢？

理查德·罗曼尔特：其实一个组织越复杂，越容易在组织的非核心业务领域，有时甚至是核心业务领域，衍生出大量无效率、无收益的业务。这些业务依靠其他运营良好的兄弟事业部门给予补贴。它们之所以被保留很长时间，是因为人们对关停这些部门持有偏见。我们经常会发现这是一些公司高层偏爱的项目，关停它们会大大伤及自尊。为公司的花园芟除杂草，丝毫无益于员工的职业发展。更简便也更流行的做法是帮助公司发展壮大，而不是多管闲事。

㊀ http://www.mckinseyquarterly.com/Strategys_strategist_An_interview_with_Richard_Rumelt_2039.

大企业不愿意自我攻击

如果企业既富有又成功，它们就不愿意改变现状。IBM没想过从大型计算机向小型计算机转型，通用汽车也没想过从大型车向小型车转型。

结果，它们对有可能削弱自己主业的发明不以为然。很少能听见成功的大企业这样说："这是更好的概念，不如我们抛开原先的想法吧。"相反，它们往往很快地指出新想法的瑕疵。这些人未曾考虑到，新事物被改进到一定程度时，就可能成为人们所说的"颠覆性技术"或者"打破均势的技术"。

施乐发明了激光打印技术，但为了不影响它的复印业务，它限制了这项技术在现有设备上的应用。结果，惠普的激光打印业务大获全胜。柯达发明了数码摄像技术，却从未全力投入，目的就是保护传统胶卷业务。而其他很多公司的数码摄像业务都迅速取得了成功。

市场领导者必须学会用一个更好的概念攻击自己，如果他们不这样做，那么自会有人攻击他们。

大企业面临组织难题

经济学家谈到了管理大型企业的困难，但我认为，对组织规模的最佳分析来自一位名叫罗宾·邓巴（Robin Dunbar）的人类学家。马尔科姆·格拉德威尔（Malcolm Gladwell）在其畅销书《引爆点》中向我们介绍了邓巴。邓巴的工作是研究他称之为社会能力（social capacity）的问题，或者说我们能够管理并且感觉舒适的群体有多大。他发现，在灵长类动物中，人类的社会能力最强，因为只有人类拥有体积足够大的大脑以应对社会组织的复杂性。他还发现对于个体的社交圈子而言，"150人"是个极限，在这一范围中发展的社交关系，我们能搞清这些人是谁，以及他们和自己的关系。

格拉德威尔从邓巴的著作中摘录了以下观点，指出规模过大的核心问题：

组织的规模越大，你就必须施行越复杂的等级制度、规则、规矩和正式措施以掌控忠诚度和凝聚力。邓巴指出，在150人以下，则可能通过非正式的方式达到相同的目的。"在这个规模下，依靠个人忠诚度和人与人的直接接触，命令就能被执行，不守规矩的行为也会受到约束。而在更大的组织里，这是不可能的。"[⊖]

个人的日程表

邓巴绝对无法预想大型组织里发生的情况。高级灵长类动物都具有被称为"反射性个人规划"的本能，在公司中也存在类似现象。当面临的决策要么对公司更有利、要么对个人更有利时，在多数情况下，人们会选择有利于个人职业的决策。这种现象的另一种说法就是"打上个人烙印"。

在商界这几十年间，我从未看到某个营销人员接到一项新任务时，环顾四周之后说："情况看上去好极了，一切保持原样吧。"相反，所有精力

⊖ http://www.lifewithalacrity.com/2004/03/the_dunbar_numb.html.

充沛的营销人员都想动手做些改善工作。他们想要出名,闲坐无事总感觉不对劲。一家企业的办公室人满为患时,肯定会有很多人对品牌进行轮番修补。这是避免工作厌倦乏味的方法。

这些做法也让品牌陷入麻烦。因此,手下员工越多,管理难度就越大。

超级修补匠

百事(北美)饮料公司最近发生的故事,生动地展示了这种现象。

几年前,马西莫·达莫尔(Massimo d'Amore)加入百事。他不甘于小修小补,决定来一次大转变,他想推行新潮营销。这不仅意味着要为7个品牌设计新广告和口号,而且要重新设计1121种瓶子、罐子和包装。而他希望在短短7个月内完成这些工作。

值得一提的后果有3个。负责这项工作的设计公司重新设计了"纯果乐"橙汁的包装,删掉了有史以来最好的品牌图案元素——插着吸管的鲜橙。它本来形象地说明了纯果乐是纯橙汁,一旦将其删去,人们以为他们看到的是自有品牌的橙汁,而非纯果乐。故事的结局,与可口可乐推出"新可乐"(New Coke)时一样,消费者拒绝购买。百事被迫重新采用原来的包装设计,损失达几百万美元。

然后是百事可乐瓶子的重新设计。原先设计完美的商标被旋转了几度,这使得商标上的品牌名几乎无法辨认。一般消费者很难看出其中的差别,而这却耗费了数百万美元的设计和包装费用。

最终,这些修补匠把一度热销的"佳得乐"品牌弄得面目全非。他们用一个大写字母"G"替代了原来的名字"佳得乐",并将其闪电图案缩小。这一切扰乱了消费者心智,导致该品牌在运动饮料市场上的份额下降了4.5%。没人想要一瓶"G"。

上述措施的哪一项有助于提升百事的长期业务?不太可能。策划这一切的设计公司会再次从百事得到业务吗?不太可能。

事情何以如此糟糕

研究发现,大部分企业并购的表现远远没达到预期的成功。两家合并的大公司花费如此多的时间进行运营上的整合,无非只是延续以往的品牌,坐吃过去的老本。它们很少能看见新概念和创新。美孚和埃克森合并的背后是什么?据我所知,是一群会计师和效率专家,他们研究怎样削减成本、增加市场份额和提高股价。

大资源和大品牌很少能保证产生创新。更常见的是,墨守成规和官僚主义阻碍了重新定位的思考。

问题层出不穷

大型并购还使得员工、产品、股东和顾客是原来的两三倍,管理变得尤其困难,很快就需要召开无休止的会议来处理各种问题,比如品牌标识、裁减员工、关闭办公场所、抛售业务，以及如何恰当地向顾客和员工传达这些变化。

接下来的问题是，如何阻止公司骨干员工转移工作重心。等级次序被打乱，人人都在盘算着，现在该轮到谁升职、谁降级、谁出局了。

于是，谣言四起，人们把时间都花在找新工作上了，实际业务却被抛之脑后。

但最大的问题是他们所说的"文化冲击"，或者说把两家极其复杂、庞大、各有想法的企业合二为一。文化是"我们这儿的做事方式"，包括决策参与、绩效奖励、承受风险、对待质量和成本的态度。这就需要很多深度沟通和整合的座谈会，耗资巨大。团队建设和人际敏感性训练开始盛行，变革管理咨询师的队伍也进驻到公司。

这就是美国许多并购案例的实情。如果是全球并购（比如戴姆勒-克莱斯勒），所有新东西都会被抛弃。德国的汽车制造商能和底特律的汽车制造商整合在一起吗？不大可能。你知道奔驰的工程师怎样看待克莱斯勒的同行吗？看不上。没有哪个管理咨询师能改变这些态度，难怪这样的并购总会在短时间内告吹。

停滞点

如果这些案例和分析都不足以向"做大"泼

冷水，那我再举个例子。我曾接触过华盛顿一个叫"企业战略委员会"的机构，它跟所有的大公司合作，包括惠普。该机构发布了一份关于增长的理论极限的报告。它研究了企业界在过去40多年中的"停滞经验"，得出的结论是，"做大"的确很难做到增长。

下列数字让人无可辩驳：一家收入4000万美元的公司仅需要再增加800万美元收入就能达到增长20%的目标，而一家收入40亿美元的公司则需要增加8亿美元才能达到这个目标，而且很少有这么大的新市场。这就意味着企业越大、越成功，就越难保持发展速度。

很有意思的是，83%的导致企业停滞增长的根本因素都是可控的。导致企业陷入麻烦的，不是战略因素，就是组织机构因素。也就是说，大公司极容易犯下管理错误——公司越大，就越难管理。

（看看下面的例子。）

大企业的失败

比美国国际集团（AIG）更悲惨的故事，恐怕是一时无两。在金融危机之前，美国国际集团是一家控股公司，旗下的子公司从事保险及其相关业务，包括财产保险、伤亡保险、人身保险、金融服务、退休储蓄产品、资产管理和飞机租赁。它是全球最大的保险公司，却在管理方面一片混乱。

难怪在伦敦一个仅有300名雇员的分部，因投保恶意信用违约互换交易，就将该公司推上了悬崖。这是悲惨至极的故事，其实结局原本不必如此。

多年前，我曾为AIG的一项基于"爱好"而收购的业务——佛蒙特州的斯托滑雪胜地提供过战略服务（AIG的CEO汉克·格林伯格酷爱滑雪）。

很明显，AIG的真正需要是清晰地将自己重新定位为一家绝非仅仅从事综合和人身保险的公司。我们提供的概念简单有力：美国的伦敦劳合社（Lloyd's of London）。

AIG 的保险业务在全球市场覆盖很广，并由于 CEO 的努力，其运营管理比劳合社好得多。但 AIG 想开设金融服务和其他业务，想成为能够满足所有人需要的公司。哎，我们都知道结果会怎样。

在这个案例中，企业过分追逐"变化"，它其实应该保持原样。关于这一点，我们在第 6 章中会详细阐述。

觉醒的 CEO

本章结尾部分列举一家大公司应对变化的正面案例，殊为恰当。鉴于我在本章前面部分狠狠地批评了百事公司，所以用百事公司的案例比较合适。

20 世纪 60 年代末至 70 年代初，百事公司被花言巧语所蒙骗：如果用饮料和食品业务中的大量现金流来投资租赁公司，那么会降低企业的所得税，因为租赁大型财产的折旧费将为公司带来应税亏损。大公司很容易相信这种说法。

百事收购了其他几家租赁公司，包括位于马萨诸塞州沃尔瑟姆的钱氏（Chandler）租赁公司。该公司主要经营电脑设备的租赁业务，但是百事要求它租赁其他资产。因为钱氏公司总裁喜欢飞机，公司就创建了飞机租赁分部。百事的现金和大量银行信用额度让钱氏租赁公司富裕了起来，它开始租赁小飞机，后来是商务飞机，再后来是大型喷气式客机。

因为一次年度审查，百事公司的 CEO 唐·肯德尔（Don Kendal）来到这里。据我的内部消息，会议开场时他有些犯困，直到演讲中提到公司拥有的飞机数量和亏欠银行的数百万美元债务时，他才猛然瞪大眼睛。他发现再过几年，飞机租赁业务的资产数量将逼近软饮料的资产数量。最糟糕的是，一旦事情发展不利，公司需要为巨额债务埋单（听起来很像 AIG），其数额之大足以毁掉整个公司。

很可能就是在那一刻，CEO 决定扭转公司战略，剥离飞机租赁业务。百事又回归到软饮料和食品业务领域。

干得好，肯德尔先生。

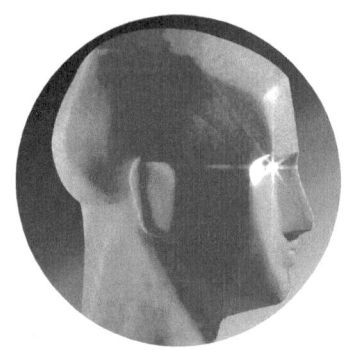

第6章
何时不该进化

每个品牌、每家公司都应该进化吗？

其实，并非如此。正如你将看到的，为了增长而增长可能是个陷阱，为了不甘落后而进化可能是个错误。（还记得你对妈妈说"可是别人都这么做"的时候，她怎么回答吗？）试图成为最新产品或新一代，可能会毁掉现有业务。

你能对自己做得最糟糕的事，就是让自我身份模糊不清，因为这将为进行清晰聚焦的专家型对手敞开大门。

看看白色城堡（White Castle），这家汉堡店自从1920年以来几乎没有变化。随着汉堡行业突飞猛进的发展，其他汉堡连锁都争先恐后地推出烤鸡、烤土豆和缤纷酸奶杯。

白色城堡的店铺风格却从未改变，菜单还是以汉堡和薯条为主，只增加了很少的菜品。但在该品类中，它实现了单位销售额第二，排名仅次于麦当劳。它有什么王牌？它是家族企业，不用听命于华尔街。华尔街除了制造麻烦，一无是处。

增长陷阱

华尔街的友好人士常常营造一种环境，导致一些糟糕甚至无法挽回的事情发生。从某种意义上讲，他们修筑了滋生麻烦的温室，而且确实如同温室一般，其所做的一切都是为了促进"增长"，但这种增长不是为了应对变化，而是为了提升股价。

著名经济学家米尔顿·弗里德曼（Milton Friedman）说得好："我们没有增长的迫切需要，我们却有增长的迫切欲望。"

增长的欲望是许多企业走上歧途的核心原因。就增长本身来说，它并非一个有价值的目标，而只是正确行事的副产品。实际上，恰恰是它诱使企业设定了难以实现的目标。

CEO们追求增长是为了保住头衔和更丰厚的报酬；华尔街经纪人追求增长是为了保住名声和更可观的薪水。

但增长是必需的吗？不一定。当你看到人们为了实现不必要的增长而大肆破坏时，你可以说他们在对品牌犯罪。下面的故事说明了增长的欲望正是祸端所在。

一家拥有多个品牌的大型制药公司曾经请我们评估其商业计划。品牌经理轮流提出下一年的计划方案。其中，一位年轻主管警告说他负责的品类里出现了一个新竞争者，非常强势，足以打破品类格局。但谈及销售计划时，他却预计增长率为15%。我们随即问他：既然出现了强大的竞争对手，如何能够实现这种幅度的增长？

他回答说他的团队将会采取一些短期措施并进行品牌延伸。我又问：从长远来说，这不是损害品牌吗？对，是的。那为什么还要这样做？因为老板逼他提出这个数字。我不得不直接跟他的老板谈谈。

一周过后，此人的老板承认了这个问题，但那是因为老板的"老板"也要求这样的增长。你猜猜"老板"是谁？华尔街。

15% 的幻象

关于增长的问题，《财富》杂志的著名记者卡罗尔·卢米斯曾写过一篇里程碑式的文章。她提出："对收入增长的草率预期往往导致目标落空、股票重创和财报造假。"她质问：为什么 CEO 们不能戒掉"增长"嗜好呢？

在这篇文章中，卡罗尔列出了所谓的"公认的管理行为"：

在大型企业明确设定的各项目标中，最常见的是 15% 的年收入增长率。你也许会说，这等于让企业拥有一支超级明星队。凭着 15% 的增长，企业收入大约 5 年就可以翻番，股票可以万无一失地成为资本市场上的耀眼明星，也就是说，CEO 将会享受彩带纷飞的盛大庆典。⊖

即使你不是"火箭科学家"，也能弄明白这是怎么回事儿。因为有了增长预期，华尔街才会把目光投向你。这就像是华尔街和公司管理层踏着亲密的舞步，低声耳语着毫无意义的甜蜜话。管理层希望华尔街的顶尖分析师能关注公司，推荐其股票。华尔街则需要一家明星公司为分析师镀金，以吸引更多的投资。

但这一切并非现实，而是幻象。

真实数据

正如卡罗尔在文中指出的，大量调查表明，很少有哪家公司能达到 15% 或更高的年收入增长率。在过去的 40 年里，《财富》调研了 150 家公司在三个时间段（1960～1980 年、1970～1990 年、1989～1999 年）的

⊖ Carol J. Loomis, Reporter Assoc., *Fortune*, February 5, 2001.

表现。

在每个时间段里,只有三四家企业达到15%或更高的收入增长率;20～30家企业的年增长率在10%～15%;40～60家企业有5%～10%的增长率;20～30家企业的增长率不到5%;还有20～30家企业是负增长。这就对了,大输家和大赢家一样多。

总体而言,在这40年间,税后利润的年增长率刚刚超过8%。这就意味着,任何取得15%收入增长率的公司,已几乎达到整体平均水平的两倍。

对照这样的现实,再看各大企业为保持增长而开始做的"坏"事,也就不足为奇了。

隐伏祸患的期权

华尔街往往通过股票期权在不知不觉中影响企业。当管理者甚至是中层员工都在关注股票期权时,他们就开始担心下一季度的财报。为了确保自己的期权保持良好的状况,他们急于走捷径,全然不顾是否有利于企业的长期战略,因为这些长期战略可能让盈利比预期少几美分。他们又从报纸上得知,如果盈利比预期少了几美分,华尔街就会让你的股票下跌20%。这将导致期权缩水,于是员工个个面带苦色。

某位比萨行业的客户跟我说过一个只顾眼前利益、忽视长期战略的例子：他有一位员工发现了一种面粉碾磨系统，可以大大改进面团的制作过程。老板认为这种设备很有用，但部门负责人不愿意马上购置。延迟购买的原因是相关成本会影响季度盈利的预估。这位客户说："我的员工正在牺牲质量，保全股票。"

不说也知道，他一定会极力摆脱授予员工期权的酬劳方式。

自尊问题

CEO面临的另一个问题是，一旦他们未能实现那些大胆却不现实的目标，他的个人自尊和公司股票将遭受双重打击。据财经新闻报道，华尔街看衰某一只股票会将公司CEO置于负面宣传的聚光灯下。突然之间，人人都开始编写CEO的故事，议论为何没能完成指标等。

前一天，卡莉·费奥莉娜还是惠普的英雄；第二天，人们就开始非议她野心太大，以及她如何失去华尔街的信任。如果CEO脸皮够厚，这无关紧要。但是猜猜谁在读这些文章？董事会和员工。这样的公开攻击会侵蚀CEO的声誉，并且其所产生的影响挥之不去。CEO会变得谨小慎微，而这并不总是好事（我们知道卡莉的结局）。试想如果在战争过程中，一位将领开始出现负面新闻，他会有怎样的感受。这肯定无益于激发他英勇作战，反倒是让敌人捡了大便宜。

关于华尔街，我不想再多说了。

"最新一代"的陷阱

保持进化的更高明战略之一，是开发某一品类中最新的或新一代产品。

iPod的数字音乐战略将随身听彻底击垮，这让索尼非常尴尬。iPod不愧为新一代的便携式音乐播放器。

但最新并非总是有用，"新一代"战略中存在一些陷阱，你必须不惜一切代价予以避开，否则真的会有麻烦。下面概括了几个陷阱。

- **不要解决一个不存在的问题**。你的新一代产品必须能解决一个真正存在的问题，而非一个无关紧要的问题。陶氏化学公司推出了Dowtherm 209，它是一种新型防冻冷却液，宣称"即使漏到曲轴箱里也不会造成任何损害"（顺便说一下，它的价格是传统产品的两倍）。问题在于，传统冷却液几乎不会漏到引擎里。凭什么为一个不存在的问题付双倍价钱？大多数人不会这么做。

- **不要违背传统**。虽然有些是真正的问题，但是人们不想解决，他们就是喜欢传统的方式。没有比在棒球场吃带壳花生更传统的事了，但不幸的是，比赛结束时每个观众脚下都是一堆花生壳。为了避免花生壳的麻烦，哈利·史蒂文斯公司（Harry M. Stevens）推出了透明纸包装的花生米。结果,消费者被激怒了:销量下滑,怨声载道。还是回归带壳花生吧。

- **产品必须更好。** 如果产品没有更好,人们为什么要用新一代产品呢?美国造币厂推出了印有苏姗·安东尼(19世纪美国女权主义者、社会活动家)肖像的1美元硬币,以之取代1美元纸币。对造币厂来说,这是一项重大的改进,因为每年将节省5000万美元的印刷和加工成本。但对公众来说,他们看不到什么好处。1美元硬币看起来像25美分,很多人觉得它很难看。再见吧,苏姗。

谨防丧失焦点

进化一个品牌是棘手的工作,因为你可能会让自己的身份模糊不清。让我们继续第1章开始的话题。

随着时间的积累,许多知名品牌都能在消费者的大脑中留下清晰的印象。人类的大脑就像照相机,能够清晰地留下它最钟爱的品牌的形象。

安海斯-布希啤酒公司骄傲地宣称"这是为你准备的百威啤酒"时,消费者很清楚他们喝的是什么。

"米勒高品质生活"啤酒,或者说老款的康胜(Coors)啤酒也是如此。

然而在过去的10年中,市场上充斥着百威品牌的普通啤酒、淡啤、生啤、扎啤、冷啤、干啤和冰啤。

现在,"这是为你准备的百威啤酒"的说法只能引起人们的疑问:"你指的是哪一种?"

头脑中原本清晰的观念现在严重丧失了焦点,也难怪"啤酒之王"的追随者纷纷流失了。

角度问题

对于这个问题的不同看法，源于角度的不同。企业从经济学的角度看待它们的品牌，为了获得成本优势和行业认可，它们很愿意把一个代表特定产品或概念、高度聚焦的品牌，扩展成为代表两种或两种以上产品或概念、失去焦点的品牌。

我们从心智的角度看待品牌延伸问题。你赋予品牌的变化越多，心智就越容易失去焦点。慢慢地，像雪佛兰这样曾经有很好差异化的品牌变得毫无所指了。

卫生纸领导品牌Scott，通过品牌延伸扩展出Scotties、Scottkin和Scott Towels。很快，"Scott"就在"购物清单测试"中败北了（你写在购物单上的"Scott"不再具有任何含义）。

高度聚焦的专家型品牌

假如没有出现威普先生（Mr. Whipple）及其代表的Charmin压缩型纸巾，"Scott"的日子可能还好过一些（你的焦点丧失得越严重，就越容易受到伤害）。没过多久，Charmin就成了纸巾品类的领先者。

近代商业史的发展证实了我们的观点。

一直以来，宝洁公司的Crisco都是起酥油的领先品牌。后来，全世界的人们开始食用植物油。

于是，宝洁公司就推出了 Crisco 植物油。

那么，谁成了玉米油品类的赢家呢？你知道的，是 Mazola。

接下来，不含胆固醇的玉米人造黄油开始流行。因此，Mazola 推出了 Mazola 玉米人造黄油。

这个品类的获胜者又是谁呢？你知道的，是 Fleischmann。

在任何情况下，只有专家型品牌或高度聚焦的品牌才是最后的赢家。

专家型品牌的武器

专家型品牌往往会给人们留下深刻的印象，下面我们就论述一下其中的原因。

首先，专家型品牌可以把精力集中到一款产品、一种利益以及一条信息上。这种集中性可以使商家在提供信息时指出产品的某一显著特征，使其很快进入消费者的心智。举几个例子，比如达美乐比萨店专注于外送服务，必胜客也因此不得不同时宣传它的外送业务和店内服务。

金霸王电池（Duracell）专注于耐用的碱性电池，而永备电池（Eveready）却不得不宣传手电筒电池、碳锌电池、可充电电池以及碱性电池（后来永备电池变聪明了，开始只讲劲量碱性电池，这是很好的策略）。

嘉实多（Castrol）公司专注于高性能小型发动机用油。壳牌旗下的鹏斯快克（Pennzoil and Quaker）则出售适用于所有类型的发动机用油。

专家型品牌的另一个武器是拥有被视为"专业"或"最佳"的能力。费城（Philadelphia）奶油干酪是最美味的（可以说是最早的）食物。泰特利斯（Titleist）是最好的高尔夫球。

最后，专家型品牌可以成为同类产品的代名词。比如施乐已经成为"复印"的代名词（"请把这份资料给我'施乐'一下"）。

联邦快递（FedEx）成为"隔夜快递"的代名词（"我会'联邦快递'给你"）。

3M的思高（Scotch）成为"透明胶带"的代名词（"我会把它'思高'在一起"）。

尽管律师讨厌将商标名作为通用词，但是这种做法是营销战争的终极武器。这一点只有专家型品牌才能做到，通才型品牌是无法成为代名词的。

没有人说："给我一瓶'通用电气（GE）'啤酒。"

有些公司通过模仿别人实现自我进化，这种做法是有问题的。

"人人都在做"的陷阱

赫斯特杂志（Hearst Magazine）是一家私人公司。在其他杂志处境艰难的时候，该公司的杂志业绩良好，它的成功就在于不随波逐流去做同业者都在做的事。

2008年，它的新杂志 *Food Network* 的付费发行量为30万册。到2009年年底，其发行量超过110万册。

据《纽约时报》报道，赫斯特杂志作为赫斯特集团的子公司之一，一次又一次打破常规。在这个肆意挥霍的行业中，它有严谨的成本控制，它的网站建设也比同行业落后好几年。最近它又提高了杂志价格，使用大的杂志开本。作为一家私人公司，赫斯特杂志无须公布财务信息，但种种迹象表明它打破传统思维的做法很奏效。

虽然该公司每种杂志的做法有所不同，但都只将印刷内容的很少一部分刊登在网上。它的网站试图用只能在实体杂志上看到的内容吸引顾客，使其成为订阅客户。去年，有 1/4 的新订单来自网上，而这一比例今年将达到 1/3。

虽然这一策略有悖于传统思维，但赫斯特杂志的总裁凯西·布莱克女士说这其实显而易见。

"我希望 160 万名女性每月在报摊上购买 Cosmo 杂志，而她们确实这样做了。"她说，"我可不希望放走瓶子里的精灵，我对挑战商业模式没有兴趣。"

"当别人都跟随行业的方向前进的时候，赫斯特杂志却走向相反的方向，我很赞成这种做法，"密西西比大学新闻学院院长及 MrMagazine.com 网站主编萨米尔·胡斯尼说，"在这个艰难时期，它们业绩很好，我认为 Food Network 是 2009 年的一大奇迹。"

你有没有想过，为什么像美利肯（Milliken）或戈尔特斯（Gore-Tex）这样成功的私人公司极少出现在新闻里？因为没人盯着它们的每季度财报。它们只需关心自己的业务就行了。只要自己对业务感到满意，就足够了。

这让我想起了之前讲过的另一个故事，我忍不住要重新提起。故事很经典，每次重读总是饶有兴味。

渔夫迪科和华尔街分析师的故事

一个美国商人在哥斯达黎加乡村的海岸小码头上,遇到一位渔夫——迪科正划着小船靠岸,船上扔着几条硕大的金枪鱼。

美国人称赞迪科捕的鱼很不错,并问他花了多少时间才捕到这些鱼。

迪科说:"不过一会儿工夫。"美国人就问他为什么不多花点时间捕更多的鱼,迪科回答说,这些鱼已经够家里日常开支了。

美国人继续问道:"那你其他时间都做些什么呢?"

渔夫迪科说:"我一般会睡个懒觉,再出海打点儿鱼,同我的小孩玩一会儿,中午要和老婆玛丽睡个午觉,到了晚上就在村庄里散散步,抿几口小酒,和朋友一起弹弹吉他。我的生活充实而又忙碌,先生。"

美国人嘲笑道:"我是华尔街的高管,我想我能帮你。你应该花更多的时间捕鱼,然后用赚的钱买一条更大的船,再到互联网上做宣传,并制订一个拓展计划以确保有足够多的资金买更多的船。这样,你就会拥有一支捕鱼船队。接下来,你直接把鱼卖给加工商,别再卖给中间商。最终,你将开办一家罐头食品加工厂。这样,你就控制了产品、加工和销售的整个环节。到那时，你就可以离开这个小渔村，搬到圣何塞，然后是洛杉矶，最后是纽约。那时候，你可以把业务外包给第三方公司，让它们帮你打理这条日渐繁荣的产业链。"

渔夫问道："但是先生，要多久才能做到这样呢？"

美国人回答："一二十年吧。"

"接下来怎么办呢，先生？"

美国人得意地笑道："接下来最为精彩。一旦时机成熟，你就宣布股票上市，把公司股份卖给大众，赚取大笔收入，然后你就成百万富翁了。"

"百万富翁？然后呢？"

美国人说："然后你就可以退休，到一个海边的小渔村，睡睡懒觉，捕捕鱼，和孩子玩耍，和老婆睡午觉，晚上到村里散散步，抿几口小酒，和朋友一起玩吉他。"

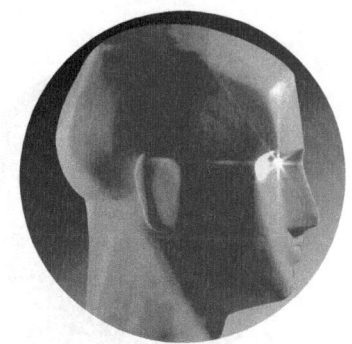

03 第三部分 危机

身处危机之时,你无暇展开研究。死亡近在眼前,迫使你迅速集中全部注意力。

——李·艾柯卡

昔日危机的重演,更能引起人们的关注。现在,我们面临两大危机:宏观危机和微观危机。

宏观危机是指这场席卷全球的金融海啸。它几乎摧毁了大部分汽车业、金融业和零售业。在如此绝境之中,企业该如何经营?

微观危机,则是宏观危机的"微观"版本。覆巢之下无完卵,AIG、通用汽车⊖等企业如今命悬一线。无论你面临何种危机,现在都到了系紧安全带、咬牙挺过难关的时候。

⊖ AIG 和通用汽车分别是保险业与汽车业的全球巨头,均在金融危机中遭受重创。——译者注

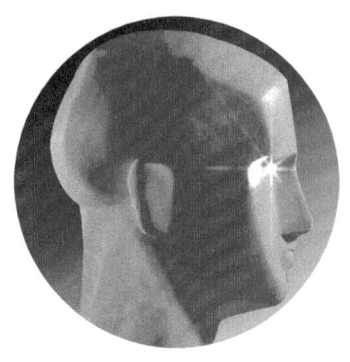

第7章
改变竞争格局的动力

从很多方面来看，我们的生活已经不能用"难以预料"来形容了。我们处在一个"不可思议"的时代，这恰巧契合乔舒亚·库珀·雷默所著的书——《不可思议的年代》的书名，大家都应该读一读这本书。本书的副标题（"面对新世界必须具备的关键概念"）很好地描述了营销人员的处境："新一轮的全球混乱为何让我们一次次措手不及，我们该如何应对？"

世事已让我们认清现实：我们生在不确定的年代，或者说一个危机的年代。这些危机有两种表现形式：宏观危机和微观危机。

宏观危机是席卷全球的金融海啸，几乎波及每一个人。如前面提到的，微观危机则威胁一家公司的上上下下，例如通用汽车和AIG。无论何种情况，当你在清晨醒来时，都会发现自己的世界变得更糟了。

长期规划的终结

突然间，我们必须直面现实："长期规划"的概念最终被摒弃，尽管已经有很多人对这个概念冷嘲热讽。马尔科姆·福布斯（Malcolm Forbes）说得好："但凡有谁看过那些陈旧的五年规划，就知道商业人士是在写作虚构的小说。"

一项长期战略规划毫无用处，除非你把竞争对手的规划也考虑在内。然而，很多CEO还是认为，复杂的长期规划对于公司实现其使命目标至关重要。

如果莎士比亚复活并担任CEO，他会下决心解雇长期规划的制定者和律师，而且理由充分：长期规划并没有为施乐在办公自动化领域争得一席之地。通用汽车在过去30年失去了30%的市场份额，长期规划同样无力回天。

长期规划的由来

长期规划起源于20世纪60年代早期,当时的通用电气堪称战略规划的先驱。通用电气创建了规模庞大、集中管理的规划部门去思索未来。麦肯锡公司帮助通用电气从战略业务单位的角度评估它的产品,确定每个产品的竞争者,并评估其相对于竞争对手的位置。

长期规划的蓬勃发展,始于1963年。在创始人布鲁斯·亨德森的带领下,波士顿咨询集团(BCG)成为战略咨询行业的先行者。作为先驱,波士顿咨询集团提出了一系列让美国企业神魂颠倒的术语,其中包括"经验曲线"和"增长与市场份额矩阵(即波士顿矩阵)"。

在波士顿咨询集团的启蒙之下,如今有关长期规划的讨论少不了"战略意图""空白机会""共同进化"这些话题。

如果你没听说过"共同进化",让我来解释一下:它是指在"商业生态系统"中,各家公司既相互合作,又相互竞争,开拓下一轮的创新(这听起来像个世外桃源)。

这些概念都出自一本名为《竞争的衰亡》的书。我们不禁要问:如果竞争不复存在了,那些想夺走你生意的人又是谁呢?

愚蠢的预测

抛开这些概念不谈，长期规划存在一个致命的缺陷：未来是无法预测的。回顾历史，满是从未兑现的大胆预测。以下是预测失败的范例：

- "飞机很有趣，但没有军事价值。"法军元帅费迪南德·福煕，法国军事战略家，1911年。
- "马不会过时，因为汽车只是一种新鲜事物，只是一阵狂热。"密歇根储蓄银行总裁，1903年，建议亨利·福特的律师不要投资福特汽车公司。
- "一个电子玩具对我们公司有何用处？"西部公司的总裁威廉·奥顿，拒绝以10万美元收购亚历山大·格雷厄姆·贝尔处境艰难的电话公司。
- "怎么会有人想听演员说话？"哈利·华纳，华纳兄弟，1927年。
- "我不喜欢他们的声音，吉他组合已经过时了。"迪卡唱片公司拒绝披头士乐队时这样说，1962年。
- "为什么人们想在家里放一台电脑呢？"肯尼思·奥尔森，数字设备公司（DEC）创始人兼总裁，1977年。

假如你无法进行长远打算或者预测未来，该怎么做？你需要保持灵活，把握机会。

核能源危机

以核能源产业为例，我们来看看如何应对这类能源在美国市场上所遭遇的重大危机。

一切始于20世纪60年代。通用电气在邻近芝加哥的德累斯顿建造了全球第一座核电站。当时，这被认为是第一座新一代发电站，前景广阔。为了支持这项工作，通用电气发起了一场声势浩大的消费者教育活动，名为"原子公民"，试图展现原子能可以实现的所有美好愿景。

噩耗接踵而来：首先是简·方达主演的一部电影，在电影上映12天后，三里岛发生核泄漏事件；之后是切尔诺贝利核泄漏事件。突然间，美国人开始惧怕核能源，很多人误认为核电站会爆炸。市民的恐慌推高了修建电站的成本，市场对那些宏伟计划的热情降至冰点，最终引发了全面的危机。

抓住机会

历史总会过去。如今，碳氢化合物的可替代能源成为热点话题。气候变化、阿拉伯石油等问题突然让核能源重回历史舞台。

此时，可以果断抓住机会，将核能重新定位为未来的可替代性燃料。这是一个公司项目还是一个行业项目，仍有待判定。在我们看来，它应该是行业项目，这样才有足够的规模和力度来推动它。除了要努力说服消费者，还要花更大的力气说服政府。启动行业项目向来很难，因此这是第一要务。但还有一个关键问题：人们认为这些核电站很危险。如何消除人们的恐惧？这就需要认真、谨慎地重新定位。

忘记过去

在这个快速变化的世界里，因循守旧是致命的。这点同样适用于核电行业。要消除人们的恐惧，就要摆脱引发恐惧的那个字眼——核。当初，发明"原子"（atomic）和"核"（nuclear）两个单词的时候，没人料到它们会毁掉整个行业。

在重新定位的过程中，应该摒弃这些词汇，为行业重新命名，因为心智中"核"的意义不会改变。在讨论朝鲜半岛和伊朗局势时，媒体频繁使用这个词。核武器的阴影依然挥之不去。

更为合理的做法，是围绕产生能量的来源来重新定位该行业。换句话说，煤炭、石油、天然气、太阳能和风可以发电，那为什么不能把铀（uranium）加到能源名单上呢？铀电站听起来并不危险，甚至听上去友好许多。

重新定位的游戏，通常归结为选择一个正确的词语。正如你在第 1 章中学到的，因为这是一场认知之战，词语就是你的武器。

通用汽车的危机

通用汽车可以说是所有微观危机的样本。

关于通用汽车的危机，已有很多文章进行谈论。有人称通用汽车希望渺茫，也有人认为情况会逐渐好转，然而，却无人提及这样一个事实：无论成功或失败，其实都与"通用"（GM）这个品牌毫无干系。没有顾客走进车行购买一辆"通用"牌汽车。

通用汽车的未来取决于如何对现有品牌进行重新定位,以及各自战略的执行情况。在某种意义上,这是阿尔弗雷德·斯隆㊀战略的重演。当年,斯隆削减了通用旗下的其他品牌,仅保留五个品牌并围绕不同的消费人群建立起强大的业务组合,即"每个阶层、每种用途,都有一款汽车"。但今非昔比,在高度饱和且竞争激烈的汽车市场上,又该采取怎样的举措呢?

首先要问,当今最成功的汽车品牌为何成功?简言之,如你在本书前半部分读到的,这些品牌的推动力来自一个词。最强大的品牌代表了一个词或者一个概念。丰田代表可靠,宝马代表驾驶,奔驰代表技术,沃尔沃代表安全,通用汽车的问题在于每个品牌都缺乏简单的差异化概念。这就是"满足所有人需要"带来的结果。雪佛兰是什么?它是大型车、小型车、豪华车、便宜车、卡车、货车以及跑车。

因此,对于处在后破产时期的通用汽车而言,其任务是小心谨慎地理清现有的四个品牌分别代表什么,它们应该采用怎样的差异化战略。

有趣的是,很多显而易见的概念摆在面前,

㊀ 阿尔弗雷德·斯隆,1923 年临危受命,担任通用汽车公司总裁,通过一系列开创性的战略措施扭转困局,使通用反超福特,成为最大的汽车公司。——译者注

通用汽车可以采取行动进行抢占。让我们从最低端的雪佛兰开始。如果只看销量，雪佛兰有机会被重新定位成"领导者"。这总是一个好战略，因为人们总是买别人所买。雪佛兰是什么？它是"美国人最喜欢的美国车"。高性价比、多种车型以及悠久的传统，这些都能成为一个好故事。

接下来是别克。当务之急是停止生产便宜的别克，不要和雪佛兰自相残杀。别克应该与宝马、奔驰的低端产品，还有其他试图通过降价增加销量的奢侈品牌竞争。这为别克建立起了重新定位的概念："实实在在的品质，不为虚名多花钱。"在如今越来越注重经济实惠的世界里，这会是个非常有力的价值点。

沿着阶梯继续上行，是凯迪拉克。凯迪拉克不可能成为真正的豪华汽车，因为进口高档车霸占了这个品类。凯迪拉克可以代表"领先科技"，这体现在发动机性能、安全性或者电子产品方面。总有人喜欢追赶新潮科技。

最后是GMC。我不明白通用为什么保留这一品牌，但确实有个可用的概念，适合挂着这个标志铭牌的大家伙。GMC的重新定位概念就是"因为坚实，所以可靠"。这出自该品牌之前对"专业级"概念的宣传，却更富有意义。当然，通用必须能够兑现这一承诺。

这样一来，四个品牌都有了很好的重新定位，得以应对艰难的市场环境。如果公司能恰当地执行这些战略，并聚焦于这些概念，那么还有成功的希望。如若不然，还是不要轻率上路吧。

关键准则

危机会改变整个游戏规则，但有些基本准则仍然是有帮助的。

我们在营销领域摸爬滚打多年，欣赏过旧时的美好，也体会过时下的艰辛。当人们问我们什么发生了改变，我们的回答只有一个词——**竞争**。正如你在第 2 章中读到的，大家都紧盯着别人的生意，危机只会让商业竞争更加激烈。

面对残酷的现实，生存的关键是每个营销计划都要以心智中的竞争为起点。你想做什么并不重要，重要的是竞争对手允许你做什么。接下来的两部分内容，将详细讲述重新定位战略制定过程中的关键要点。

避开强势，利用弱点

如果竞争对手以某一特性著称，那你就应该利用其他特性。你往往可以利用竞争对手与生俱来的弱点。如果麦当劳的强势在于它是儿童汉堡店，那么汉堡王就应该利用这一点，打造"成年人的汉堡店"。多年来，人们一直认为美国车可靠性欠佳。丰田利用了这一认知，成为"可靠性"这一特性的拥有者。

但要记住，我们说的是顾客心智中的强势和弱点。营销是认知之战，你真正需要做的是利用这些认知。

你必须意识到，你的竞争对手中大概至少有一个正在举行会议，商讨这样或那样的办法来击垮你，你必须一直不断地搜集关于竞争者当前战略计划的情报，这些情报可能来自精明的销售队伍、友好的顾客或者市场调研。

永远不要低估竞争对手，相反，高估他们会更加安全。美国电话电报公司（AT&T）、数字设备公司（DEC）、李维斯（Levi's）和佳洁士（Crest）都是先例：即使身为市场领导者，低估竞争对手都可能造成重大损失。

一旦受到攻击，竞争对手通常会变得更强大

如果有公司觉得可以利用竞争对手的粗心大意，那就大错特错了。嘲笑竞争对手的产品或服务，声称自己可以做得更好？看吧，那些强大的竞争对手突然间大幅改进，建立在所谓"弱点"之上的优势会因此土崩瓦解。

排名第二的安飞士确实更努力，但赫兹（Hertz）很快提高了服务质量。

之后，赫兹推出了一则极具杀伤力的广告："多年来，安飞士一直称自己为第二。现在，让我们告诉大家为什么。"

赫兹列举出自己的种种改进，使得安飞士永无翻身之日。

不要围绕对手的错误来建立营销战略，他们将很快纠正这些错误。

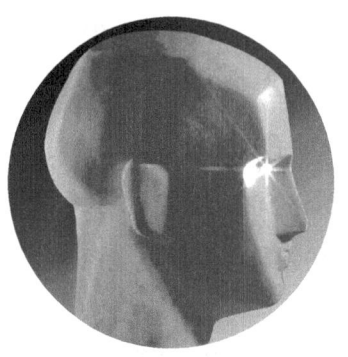

第8章
价值是关键

在第2章中，我们提到"重新定位竞争对手"并不关乎价格。同样地，如果我们谈到"价值"，也与价格无关，除非你能建立起价格优势。若是这样，价格将成为你永远的差异化因素。

美国西南航空公司的确实现了"低价"差异化。然而，它的成功秘诀在于其首席执行官赫伯·凯勒赫所说的"做到与众不同"。

西南航空公司只使用一种机型，由此节约了大量的培训和维护费用。它不提供舱位选择，由此省却了昂贵的预订系统。它不提供机上餐食，由此减少了成本和时间。它舍弃收费昂贵的大型机场而选择较为便宜的小型机场，由此避免了高昂的停靠费用。（西南航空公司最近开始提供舱位选择并转向较大的机场，但调整的步伐仍然谨小慎微。）

通过"做到与众不同"，西南航空公司成功构建起一套运营体系，使自己的单位航行成本比任何航空公司都要低。不幸的是，这使得其飞机感觉像是运畜拖车。为了弥补不足，西南航空公司正努力让航程变得更有趣（乘务员会表演娱乐小节目）。

西南航空将自己定位为"低价"航空公司，并已成长到足够大的规模，即使更大的航空公司降价也无法迫使它退出市场。有不少公司试图模仿西南航空公司，但大多数没有成功。

沃尔玛的成功

有人会说，"天天低价"对于身处大型零售业的沃尔玛很有效。同西南航空公司一样，沃尔玛成功地让"低价"成为有意义的差异化概念。但它是如何做到这点的，值得我们深究。

首先，沃尔玛选择在人口较少的美国乡村开展业务，那里的竞争对手都是小型的夫妻杂货店。就像德国的战争机器横扫巴尔干大陆那样，几乎未遇抵抗。

接下来，沃尔玛在开设新店的同时，着手建立它的技术基础。随着业务规模扩大，沃尔玛又增强了采购优势。在凯马特、塔吉特和好市多进驻的城市，沃尔玛的进展往往比较艰难，但它确实已拥有结构性的成本优势来支持"天天低价"的主张。最近，它将自己重新定位为"省钱"。这是一种进步，因为该定位让沃尔玛摆脱了"价比三家"的局面。秘密在于：每样商品进行逐项对比，沃尔玛的价格并非总是最低。

PC 王国的反击战

在电脑行业的竞争中，前卫的苹果已经成功地将 PC 机重新定位为"呆板"和"过时"，这大大有利于 Mac 机的销售。即使在经济萧条期，Mac 依然势头不减。它建立的差异化是"简单易用"和"优雅美观"，而消费者要为此花费更多。2009 年，PC 机利用低价策略发起反击。

一些二十几岁的普通的美国年轻人正在选购电脑，有人想要一部 17 寸的笔记本。如果价格不超过 1000 美元，她就会购买。通过观察她的

㊀ 1 寸 =1/30 米。——译者注

消费行为，我们发现她觉得 Mac 太贵了。她离开苹果专卖店，走进百思买，在那里找到了一款符合自己要求的电脑，价格是 699 美元，任务完成。她非常满意："我喜欢 PC，这是我想要的东西。"

在现实中，实际购价往往要比标价高一些。的确，699 美元的 PC 机打败了 2800 美元的 17 寸 Mac 机，但大部分消费者最终需要添置杀毒软件、不同的音频和视频软件。那又怎样呢？最终的价格仍然只是 Mac 的一半。

尽管"低价"并非我们钟爱的战略，但是价格仍是重新定位战略的有效武器，尤其是在经济极度不景气的时候。PC 机可能不够酷，但是省钱。这就是你来我往，针锋相对。

嘉信理财之路

嘉信理财（Charles Schwab）作为第一家折扣经纪公司，面临相似的局面。它的低价做法打破了市场上提供全面服务的大型经纪公司的封锁，但是也为其他折扣经纪公司打开了方便之门。最近，收费更为便宜的互联网经纪公司也大量涌现。

嘉信理财通过提供越来越多的服务，转移到了高地。虽然它仍然是折扣经纪公司，但如果你看过它的广告，就会发现它看上去越来越像美林证券（Merill Lynch）。现在，它是一家收费高昂、服务全面的大型经纪公司，甚至比美林更像美林。让我们产生困惑的是，嘉信理财甚至开办了一家银行。

嘉信理财的故事告诉我们：你可以从低价起步，但如果没有结构性的优势，你将无法持续，你必须通过增加价值而攀升至食物链顶端。嘉信理财正是如此，它已然是一家备受尊敬的金融机构了。

应对价格战

市场领导者总会遭到低价进攻,因为对手试图将其重新定位为高价,这简直就是自然规律。那么,你会怎么做?竞争对手对你发起价格攻击,你必须同步降价吗?

我们有一些应对低价攻击的有效方法,经过检验,它们是可靠的。

做点特别的事

领导者可以给其最大的客户提供特别的产品。耐克为 Foot Locker 鞋店提供可调节的气垫鞋。这种售价 130 美元的跑步鞋,是为这个鞋类零售大户独家生产的。到目前为止,一切顺利。Foot Locker 已订购超过 100 万双鞋,预计销售额达到 2 亿美元,堪比耐克销量最大的飞人乔丹(Air Jordan)系列。

转移争论点

另一个有效应对价格战的价值战略,就是提出总成本的概念,与初始成本形成对照。在某些品类中,你购买产品的后续成本相当可观。如果你的产品售后表现更好,你可以向顾客强调使用成本的概念,而不是关注购买成本。对于这种概念的一个解释就是使用寿命。一款昂贵的产品，比如说奔驰汽车，价格很高，但其使用寿命比普通汽车更长。这是让顾客从看到价格标签时的惊愕中恢复过来的好理由。相似的战略可以用来销售昂贵的床，比如达克斯娜（Duxiana），它的最低售价是 3000 美元。其价值在于：你躺在床上的时间比在豪华车里的时间更长。实际上，你生命中 40% 的时间是在床上度过的。那么，又何必吝啬呢？

增加更多价值

有时，价值就是总额的核算。如果你在产品或服务中增加更多的价值，人们会觉得花同样的钱，但回报超值。几年前，大陆航空公司（Continental Airlines）来向我们咨询。它已经从破产中脱困并组建了新的管理层，正把自己重新定位成一家新航空公司。它购买了最新款的飞机，对商务舱和贵宾服务进行了改良，开始提供食物（最近它还坚持这样做，即便其他航空公司已不再提供），同时还增加了更多目的地。显而易见的战略是讲述一个价值故事，我们称之为"同样的价钱，更好的航班"。他们采纳了这个战略，直到后来（如你所料）一家新的广告公司提出了"努力工作，正确飞行"的口号，原来的价值战略才被这个毫无意义的口号代替了。

做到友善助人

如果你从事以客户为中心的零售行业，服务是强有力的价值故事。Sam Bridge 是位于美国康涅狄格州格林威治的一家花卉园艺公司。自从 1930 年开始，该公司就提供全年度的全方位服务。在销售花木和园艺材料的公司中，它肯定不是价格最低的，却是最友好的。任何一位老太太，只要推着载满植物的推车，都会很快得到员工的帮助。任何问题也都会得到快速解答。有顾客问另一位顾客，为什么要来这里，对方回答："没有其他地方比这儿更友好。"

要想让你的员工友善助人，需要大量的精力、成本和培训，但是你可以通过稍微提高价格来得到回报，即使在危机中也可以这样做。通过公司官网上的宣传，你能认识到它在提供更好的服务和价值方面是何等努力：

在 Sam Bridge，我们为自己出众的客户服务和知识丰富的员工感到骄傲。我们自1930年就开始为顾客提供专业建议，在过去的年月中，我们的员工参加了许许多多的行业论坛、贸易展览和开放参观日活动，确保把最及时、最准确的信息传递给顾客。如果您有任何问题，欢迎来电或来访。能为您解答问题，我们感到无比荣幸。⊖

大企业式的服务

有人说，像 Sam Bridge 一样规模的小企业，很容易做到友善服务。这种看法很合理，接下来我们再说说大企业吧。

百思买是仓储式电子产品大卖场仅存的英雄，它的两大竞争对手——电路城（Circuit City）和

⊖ http://www.sambridge.com/staff.html; http://www.sambridge.com/aboutus.html.

美国电脑（CompUSA）都已不复存在。即使是经济繁荣时期，电子产品零售业也在艰难度日：薄如纸片的利润、不断下跌的价格、时好时坏的产品，以及来自网络零售商的低价压力一直困扰着这个行业。雪上加霜的是，沃尔玛和好市多这些连锁大卖场也在分流电子产品的顾客。因此，百思买需要重新定位。

《纽约时报》报道，百思买的CEO布莱恩·邓恩打算围绕服务对公司进行重新定位，过去百思买在服务方面比任何一家国内同行都更出色。这意味着它的卖点将是产品保修，上门安装家庭影院，或者配置电脑。Pacific Crest Securities的分析师预测：这类服务的利润率可能很高，在下一个财年有望占到整个公司470亿美元营收的5%。为了加强与电脑相关的服务，身着蓝色体恤、被称为"电脑特工"的技术支持团队的规模已经显著扩张。

并非所有的服务都是直接的收入来源。邓恩给出了其中一个典型的例子，这是一项被称为"出门即用"（walk out working）的服务，百思买希望以这种服务来建立声誉。这项免费服务始于2007年5月，它帮助顾客配置手机系统，当他们离开商场时，就能使用音乐回放和上网等功能了。

我们认为这是个非常不错的重新定位战略，和Sam Bridge异曲同工。如果有顾客询问另一位顾客为什么来百思买，对方会说："其他的商场做不到这么贴心。"这时就可以说公司的重新定位任务已经完成。

"奢华铺张"过时，"物有所值"流行

对于奢华品牌而言，现在是艰难时世。当某个品牌的消费者感到有必要削减开支来增加储蓄的时候，它该如何是好？或者说以奢华为卖点的商品不再为社会接受的时候，又该怎么办？

你会通过降价来告诉顾客你一直在多收他们的钱吗?一件王薇薇(Vera Wang)㊀婚纱的平均售价曾是 5500 美元,第二年却变成 3800 美元。他们还推出了一条低价休闲产品线,名为薰衣草(Lavender),目标顾客为二三十岁的年轻人。诺德斯特龙(Nordstrom)㊁几乎不开设全价百货商场了,而 Nordstrom Rack 低价百货商场的发展速度却是原来的 3 倍。我们还不清楚这些子品牌的运营情况,也不确定它们对主品牌会有怎样的影响。

全球各大公司都处于这样的两难境地。其中之一是蔻驰,这是一家生产高价女士手提包的企业。在金融危机的冲击下,售价 300 多美元的手提包销量不佳,管理者正在做一个让他们备感艰难的决定。CEO 卢·弗兰克福特提道:"人们走进我们全价专卖店,开口问的第一个问题就是,什么在打折?"弗兰克福特的回应是:"我们从不打折,但一直以来反对蔻驰进行重新定位的想法已经不复存在了。"可是,该怎么办呢?

新品牌

蔻驰决定推出一个新的子品牌,而不是降价。

㊀ 著名美籍华裔设计师,被称为"婚纱女王"。——译者注
㊁ 美国高档连锁百货店,以其优质的客户服务而闻名。——译者注

这个子品牌更年轻化，采用新材料和新设计。该产品线被称为"Poppy"，平均售价260美元，比常规的蔻驰手包低20%。相比于降低现有品牌的价格，我们更倾向于建立新品牌的战略。但是你的新品牌应该有自己的名字、产品和细分市场，且仍然有利可图。同时，原有品牌和新品牌应该有截然不同的差异化概念。在写本书时，Poppy系列的主要产品在9家蔻驰专卖店和23家百货商场进行试销，畅销款是98美元的手提包。一向售价为二三百美元的蔻驰能从中得到满足吗？目前还难下定论。但是，蔻驰现在有两匹马参赛，而不是一匹负载过重的马。

昂贵的手表

有时，你需要收起价格标签，调整销售技巧。

在金融危机中，受打击最大的是收藏家爱好收集的奢侈名表。瑞士手表在美国市场上经历了最严重的下滑，年度销售额下降40%。

奢侈名表的销售一落千丈时，法国巴黎Pôle Luxe奢侈品销售咨询集团的业务却急速发展。《华尔街日报》报道，Pôle Luxe在培训时鼓励销售人员说：要重视"价值"而非"价格"，卖"故事"而非"产品"。同时，教导销售人员不与顾客讨价还价，并在顾客要求打折时提供一份礼物。销售人员的柜子里塞满了这种礼物。

Pôle Luxe的方法可以总结为："女士，这块手表出自我们最好的工厂，价值1万美元。如果您买了，您的子孙都可以享用。"

我们认为这是精明的重新定位。

狡黠的促销

任由低价破坏一个奢侈品牌是很危险的，因为高价支持了产品高贵豪华这一事实。如零售业分析师戴维·希克所说："如果你在经营奢侈品,你销售的就是独一无二。"

高端连锁店没有张贴那些有损声誉的"大减价"海报,却会告诉顾客,即使价格标签上没这么写,还是可以捡到便宜的,这就是我们所谓的"狡黠的促销"。有些品牌只在网上促销,承诺如果你点击网站上的某个促销链接,就可以得到50%的折扣。

其他的技巧包括在打折前几个小时才通知顾客,还有只针对高端客户的小额折扣。这些打折技巧既维护了品牌声誉,又能通过绵绵耳语向顾客传递关于价值的紧迫感。

这些品牌很清楚,一旦全世界都知道你公开降价,你永远无法把价格再提上去。

为你的故事增加价值

再来看看挑战 MRI 和 CT 的超声技术。最早诞生的是落地式超声机,但这种机器正被手提式超声机取代。

我们曾与一家名为 SonoSite 的公司合作,它是小型手提式超声机的开创者与领导者。它的战略是建立领导地位的认知,并将"同等性能,个头更小"的利益植入人们的心智中。这一直以来都很奏效。

但是在目前，即使医疗业也面临危机，任何新技术都很难挣到钱。SonoSite需要重新定位战略来应对危机，该战略可以总结为一道简单的问答题。

问：小型设备如何掀起医疗行业的大风浪？

答：通过节省时间与金钱，同时提升诊疗结果。

你可以看出SonoSite正利用重新定位战略调整认知，强调它的价值和省时省钱的特点。在危机时代，这为医院行政部门继续采购小型超声器提供了有力依据。最基本的领导地位故事保持不变，现在它只是在方程式中加入了价值。

另一家公司Rackspace，也是如此，该公司是网站托管服务的领导者和专家（它为遍及全球的公司储存并管理网站）。高科技领域也难逃危机的影响，各个企业都在设法削减成本。Rackspace正运用新科技为它出众的服务增加价值，以此建立定位。通过一种将互联网作为分布系统的技术，它为一些客户提供节省成本的"云托管"服务。虽然这种技术不是针对所有应用，比如那些需要安全性的应用，但是它仍是个省钱的"价值"故事。此外，因为同时提供了低成本的新型服务和传统形式的服务，该公司的领导地位和专业性也得到了强化。

重回经典

C. F. Martin & Co.是一家吉他制造公司，该公司的乐器深得多位传奇音乐名人的喜爱，如"猫王"埃维斯·普雷斯利（Elvis Presley）、吉恩·奥特里（Gene Autry）以及埃里克·克兰顿（Eric Clapton）。尽管该公司地位显赫，但金融危机很快让52 000把吉他的年销量重挫20%，致使高档吉他库存激增。

怎么办？该公司重新推出了它在20世纪30年代（上一次全球经济大萧条）销售的无装饰吉他。公司推出售价低于1000美元的硬木"1系列"，这一命名是为了彰显它的简约。当你知道该公司的吉他通常售价两三千美元时，你会觉得物超所值。公司通过省去昂贵的嵌入物达到这一目的，20世纪30年代的简约款也是这样做的。"1系列"于2008年推出，第一年生产的8000把吉他很快销售一空。

围绕"价值"重新定位，这种返璞归真的战略可以说合情合理。

谈谈促销

最后来谈谈低价促销。它们最终能为品牌带来些许价值吗？一些全球范围的广泛调查表明，一旦短期的低价促销结束，销量就会回归原有水平。低价持续多久，销量增长就持续多久。长久以来，低价促销一直备受质疑，但是直到最近才被系统地验证。管理者常常怀抱希望：低价促销会有积极的后续效果，至少某一特定个案是如此。

现在人们知道事实不是这样，原因在于：促销产品的购买者，几乎都是品牌的长期顾客或

"忠诚"顾客。事实证明，人们很少仅仅因为降价而购买陌生品牌，他们只是在自己经常购买或熟悉的品牌暂时性降价时进行购买，目的是避免花冤枉钱。

这就是低价促销没有后续效果的症结：一个品牌无法抓住任何在促销期间第一次购买产品的新顾客，因为实际上并不存在这种"新顾客"。另外，一个典型的短期促销只能影响品牌的小部分既有客群，大概也就10%或20%，但促销成本很高，并且对生产和分销物流的副作用巨大。

促销似乎不会给人留下印象。（"6个多月前，那个打八折的牌子叫什么？"）顾客能接受的做法只是偶尔打折（即使是宝马汽车，或头等舱的飞行里程）。

虽然管理层习惯于想办法阻止销售人员降价，但大型促销还是会发生（"头儿，这是我提升销量的唯一办法"）。如今，负责市场营销的管理者自己动手降价，甚至还以此为荣。然而，低价促销通常是亏本的，否则这样的促销会更多，而且促销规模越大，亏得越多。

所以，为什么在低价促销上花大钱呢？高层管理者想要削减促销预算，但是通常不知道怎么办，也不知道这样做的后果会怎样。

有一位不知名的首席执行官是个特例，他说："如果你心里没底，那你只能凭胆量行事。"

04 第四部分 重新定位的艺术

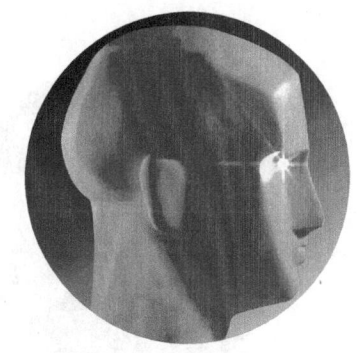

> 若是瞎子领瞎子,两个人都要掉在坑里。
>
> ——《马太福音》

重新定位听起来简单,其实不然。重新调整认知是一个缓慢的过程,通常要求高层管理者拿出极大的勇气。他们必须说服自己、员工以及董事会。一把手必须亲自负责,扮演拉拉队长的角色。他必须保持乐观的态度,坚信必定成功。

这方面没有人比西南航空公司的创始人赫伯·凯勒尔做得更好了。这是西南航空公司能够成为美国最成功的航空公司的原因,他知道自己要飞向何方。

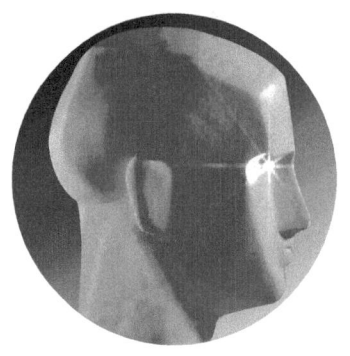

第9章
重新定位需要时间

需要提醒读者，重新定位是重新调整人们的认知，而不是改变人们的认知，这一点至关重要。改变心智的失败案例在商界俯拾皆是。施乐试图让人们相信，它可以生产计算机以及其他不是复印机的机器，结果损失了几十亿美元。可口可乐试图让消费者相信，新可口可乐比"正宗货"（经典可乐）更好，结果名利尽失。凯迪拉克为了让消费者相信它的小型车和大型车一样好，先后推出了西马伦（Cimarron）和卡特拉（Catera），结果两个品牌都是灾难，因为长相酷似雪佛兰的凯迪拉克毫无意义。最关键的地方，就是要理解为什么改变人们的心智如此困难。

顽固的大脑

在营销领域，人们普遍认为新产品的广告比知名品牌的广告更能引起人们的兴趣。

然而，与新产品相比，我们对于早已知晓的（或曾经买过的）商品印象更深。

麦科勒姆·斯贝尔曼（McCollum Spielman）研究组织曾对23年间的22 000则电视广告进行监测，发现在10个品类中，大约有6000则广告是宣传新产品的。

来看看他们的发现。通过对新品牌和知名品牌的比较，10个品类中只有1个品类（宠物产品）的新品牌广告具有更强的说服力，并引起了消费者观念的转变，即所谓的"新产品兴奋"。

其他9个品类的广告，包括药品、饮料和个人卫生用品，并未产生实质性的差异，没有引发足以让消费者区分知名品牌和新品牌的兴奋度。

因为此项调查涵盖了数百种不同的品牌的数千则电视广告，你基本上可以把"创意"排除在具有说服力的差异化手段之外。能起作用的，还是那些我们早已熟知的、感觉亲切的方法。

改变态度的企图

由麻省理工学院教授转型为咨询顾问的迈克尔·哈默，在《再造革命》(*Reengineering Revolution*)一书中把人们拒绝改变的天性称为"企业再造过程中最复杂、最讨厌、最痛苦、最混乱的部分"。

《态度和劝服》(*Attitudes and Persuasion*)一书中提出的一些观点，能让我们更好地理解这种阻力。此书作者理查德·佩蒂和约翰·凯西奥普用了一定的篇幅来阐述"信念体系"。对于大脑为何难以改变，他们的论述如下：

从信息理论学家的角度来看，观念系统的性质和结构非常重要，因为观念被认为能够为态度提供认知基础。那么，要想改变一种态度，就有必要对此态度所依赖的信息进行更改。因此，通常有必要改变一个人的信念，删除旧信念或引入新信念。

你打算用30秒钟的广告做到这一切吗？

心理学家的观点

《社会心理学手册》(*The Handbook of Social Psychology*)重申了改变人们的态度有多么艰难：

> 任何改变人们态度的活动都会带来难以克服的问题。改变一个人的基本信念非常困难，即使运用了一些精心设计的高强度方法也是如此，如心理疗法。此外，适用于改变某些态度的方法，对其他态度却无法奏效。

更糟的是，这些发现并未触及事情的本质。我们看一下这段话：

> 人们对许多问题都有自己的态度，这些问题的范围之广令人惊异。人们似乎知道自己喜欢什么（特别是不喜欢什么），甚至对自己知之甚少的人或事物也是如此，比如土耳其人，或者那些与他们的日常生活没有什么关系的事物，比如外太空生物。

因此，借用电视剧里的台词：费尔普斯先生㊀，如果你的任务是改变人们的心智，还是不要接受吧。

"重新调整"的条件

既然改变人们心智的想法被泼了冷水，那就让我们专注于研究如何重新调整心智中的认知。首先，看看字典是如何定义"调整"这个词的。

> 调整：为了符合或匹配而改变。

与人们的心智相符是有效实施重新定位的关键。试图改变人们的心智

㊀ 吉姆·费尔普斯（Jim Phelps），美国知名电视连续剧《不可能完成的任务》的男主角，该剧于 1966~1973 年播出，后被改编为系列电影《碟中谍》。——译者注

则恰恰相反，因为这有悖于现有认知，是完完全全的不匹配。比如，施乐被认为是一家文档公司，如果它将自己重新定位成一家数字化文档的技术公司，借此抢占炙手可热的"文档数字化储存及分发"的概念，那会很容易。为了更好地理解其中的原理，让我们重温一个过去的案例，阐述一下我们的见解以及把握时机的重要性。

多年前，一家名为莲花（Lotus Development）的软件公司研发出一套软件，该软件使单机个人电脑成为真正的商业工具。这套软件就是Lotus1-2-3，它是第一款电子表格软件，在当时是非常重要的创新。但时间推移与科技进步威胁到莲花，一款名为微软Windows的新型操作系统面市。尚未等到莲花为Windows操作系统调整产品，微软便推出了专门为Windows设计的、极具竞争力的同类产品——Excel。这还不是最糟糕的，当时个人电脑正从单机电脑向网络电脑转变，新型软件的需求变得异常迫切。看来，重新定位战略必须实施了。

重新调整"莲花"的认知

为网络电脑设计的软件，被命名为群组软件（groupware），或者为电脑组而设计的软件，《商业周刊》在一篇评论网络化趋势的文章中创造了这个词。无独有偶,莲花研发了第一款群组软件产品,名字叫作 Notes。这为重新定位战略搭建了平台。我们称之为:"曾经,第一款电子表格;现在,第一款群组软件。"

根据人们心智中已有的认知开始新的传播,这样我们就能够建立匹配,重新调整认知。可是,这一切都需要时间。具体来说,将定位从"电子表格"转向"群组软件",花费了整整四年的时间进行公关、广告和严密的管理。公司 CEO 告诉我们他不得不解雇很多不赞成重新定位战略的员工,跟董事会打交道也异常艰难。但是当 IBM 以 35 亿美元收购莲花和 Notes 的时候,金钱和时间愈合了所有伤痛。

这是一个结局美好的重新定位案例。

重新定位越早越好

考虑到重新调整认知所需要的大量时间,提早开始谋划会有很大的优势。

奈飞(Netflix)公司[一]正在这样做。该公司的业务是用红色信封邮寄 DVD。奈飞公司的 CEO 里德·哈斯廷斯认为公司的核心业务会在四年后消亡,因为越来越多的电影将通过互联网而不是邮局进行分发。许多娱乐和技术领域的公司也面临同样的问题:如何从在线视频市场中获利?哈斯廷斯犹豫不决,因为如果将公司从 DVD 租赁公司重新定位为视频服务公司,它会面临许多新的竞争者,如苹果、亚马逊和谷歌,而不仅仅是百事达(Blockbuster)。

最终结果如何,尚不可知,但至少哈斯廷斯已经在未雨绸缪了。

[一] 奈飞是 1997 年成立于美国的影片租赁公司,现在是全球最大的在线视频播放服务商。

建立"数字化岛国"

说到时间,那么转变一个国家的整个经济基础需要多久呢?

毛里求斯,这个被马克·吐温称为"天堂原乡"的国家,正在实施重新定位战略。作为世界上最大的航运港之一,靠近印度和非洲的毛里求斯占据着战略性的地理位置,是往返亚洲船只的中转站。

该国的经济支柱是蔗糖、旅游和海运。几年前,新任总理决定利用新兴的全球数字经济带来的契机,但他面临的首要阻碍,就是政府如何更有效地刺激创业。

事实上,问题可以归结为:"如何转变本国的整个经济基础?"

- 首先,由全国四大集团和政府合资成立一家新集团以刺激创业与新公司的创建。
- 政府在获得一亿美元的企业和国际融资后,发起了一项野心勃勃的全国性的技术创新活动,并同时设立了政府互动门户网站,名为"毛里求斯政府在线"(Mauritius Government Online)或 M-GO!
- 政府开始建设高速电话、预排线路的建筑,以及其他必需的基础设施,以支持众多新兴的技术创业公司。这些努力再加上该国劳动力的多国语言技能，让毛里求斯开始吸引那些寻找机会进入印度、非洲和亚洲市场的公司。

- 毛里求斯投资搭建了非洲的第一个 3G 通信网络，使得移动流媒体电视和远程摄像监控成为可能。该国还计划进一步升级，提供比 3G 更快的网络服务。
- 一项无须移动设备（甚至包括传输线）的无线解决方案将要投入运行。你可以购买一个采用新型无线通信技术——Wimax 的调制解调器，将它直接连接在个人电脑上，就能收到从几千米外 Wimax 基站发来的信号。Wimax 被称为"超高速无线上网技术"（Wi-Fi on steroids），热点的跨度通常可达几千米。

毛里求斯转型 5 年后，BBC 于 2008 年对此报道："对于一个曾经主要依靠旅游和蔗糖来积累财富的国家，这是一次根本性的战略转向。"

那座 12 层的数码大厦就是有力的见证，这里聚集了许多科技公司：一边是软件开发人员，一边是为企业甚至是国家提供安全存储的远程数据储存设施。

为这座"数字化岛国"奠定基础的总理，此时已经成为国家的总统。他在接受 BBC 采访时说：

> 曾经有许多批评，说这样做对毛里求斯没有帮助，是在浪费时间。还有人说我做的都是一些无用功，会给国家经济造成负担。我没有为批评所动，而是说服他们继续前进。现在，这些业务正在发展壮大，我们可以将毛里求斯打造成为"数字化岛国"。⊖

⊖ http://news.bbc.co.uk/2/hi/programmes/click_online/7169467.stm.

重新定位与公关

重新定位需要时间的另一个原因在于，需要其他人来为你做宣传写文章。如你所料，这不可能在一夕之间发生。莲花公司转型"群组软件"，离不开商业媒体持续数年的宣传。这种第三方支持在增加可信度方面非常必要。你可以说自己正在转变，但没有人会相信，因为你是在自说自话。当别人报道说你在转变时，就该另当别论了。但是这种报道不容易进行，所以我们建议公关应该成为营销工作的重要组成部分。以下便是过程中的注意事项。

广告第二

道理很简单，计划不周、时机不当的媒体曝光会损耗重新定位概念的传播潜力。因此，如果要想使公关效果最大化，你就需要谨慎处理广告。在尚未充分利用主要的公关手段之前，不要投放广告。

原则上，应该是公关第一，广告第二（公关播种，广告收获）。

事实上，广告不能生火，只能在火点着以后扇火。为此，你需要第三方支持所带来的有效性。公关应该成为所有新的宣传活动的第一步。

如果把重新定位作为基本广告战略,公司则必须把重新定位战略用于公关才有意义,因为公关应该优先于广告。

在多数情况下,情况并非如此。广告公司和公关公司会把对方视为竞争对手——争夺客户的眼球和钞票。

这种内斗侵蚀了许多产品和项目的威力。广告播出得太快,破坏了公关的有效性,或者,公关缺少定位概念,无法为广告建立可资利用的基础。

我们需要对广告和公关计划做出最根本的改变。这些项目应该是时间性的,而不是空间性的。

快速引爆与缓慢积累

在空间性的项目中,各个组成部分同时开始启动,但分布在不同的空间(公关、广告、促销等)。多数项目都会运用这样的典型模式,可以说是快速引爆。

但尘埃散去后,第一波发布的新鲜感消失殆尽,一切如故,消费者的态度与以前没有什么区别。

在时间性项目中,各组成部分在一段时间中慢慢展开。这样做的优势在于,这些组成部分可以互相配合、彼此强化。这种缓慢积累能使消费者的心智发生巨大的变化。

多数空间性项目的麻烦在于原地踏步。这些项目难以积累、没有高潮,各个组成部分无法展开,毫无戏剧性,缺乏"下个节目是什么"的兴奋。

新年伊始,通常标志着新的空间性项目的开始,原因即在于此。新的空间性项目带来了新的项目策略和新的广告主题。

这种年度更迭,与优秀的定位战略背道而驰。重新定位取得成功需要"一致性",这比什么都重要。你必须坚持下去,年复一年,始终如一。

时间性项目可以帮你实现"一致性"。时间性项目的想法和观念是逐渐渗入消费者头脑中的,为公关潜力的大幅释放提供充足的时间。

"大众媒体最好"陷阱

一部分公关人员有这样的倾向:想一口吃成个胖子,试图把自己的故事一开始就放在知名度最高、覆盖面最广的媒体上。这忽略了优秀公关策略的"时间性"本质。你的故事刊登在《华尔街日报》上,标志着公关传播的结束,而非开始。

最好的做法是以你的核心客户为起点向外推广。首先在点击率高的博客上推出你的故事,然后在行业杂志上推广,而这又加大了它出现在综合性商业刊物上的可能性。此后,这又会转向消费者出版物,最终出现在电视上。如果需要的话,你也可以顺道在广播和报纸上投放。

如果你首先赢得核心群体,那么未来的成功就指日可待了。

绕开传统媒体

在公关领域中,一群博主和推客(twitter)正成为早期公关的焦点,这在像硅谷这样的高科技世界中表现得尤其明显。网络权威评论者确实有用,因为他们为初创公司增加了一定的可信度。

过去，公司向那些对自己朋友和邻居宣传产品的早期使用者献殷勤；现在，这些人转到了互联网上，而不是隔着篱笆为你的产品说好话。他们最终会让你的故事登上行业杂志，如果幸运的话，还会让你的故事出现在商业刊物上。

但是要注意：登上优秀刊物不等于取得巨大成功。很多高科技公司都没有成功，因为它们不知道如何赚钱。看看赛格威（Segway）两轮电动车：关于它的新闻很多，但销售额很小。为什么？你骑着这种车去哪里呢？马路上？太危险。人行道上？也太危险。另外，它的外观很难看。一个人独自骑着这种电动车再难看不过了，一点儿也不酷。

四条成功法则

如果以上讨论促使你产生了去审视自己公关活动的想法，那么下面这些简单的规则可以作为起点。

（1）确定你在公众心目中的定位。花点儿钱做调研，或者自己出去走走，跟你的顾客和潜在顾客交谈。别忘了最重要的人物：目标出版物的编辑。

（2）选择一项你可以拥有的重新定位战略。选择一个具体的概念，从公关和广告起步，确保这一概念不是普通的概念，如改善形象。避免这些与重新定位无关的特性，如活力、现代、进步，它们仅仅是风格问题，对此公关也不会有什么效果。

（3）确保每一个人关注重新定位战略，包括你的管理层、广告公司，当然还有公关部的每个成员。坚持这项战略，并通过所有媒体和公关渗透加强。

（4）时不时地对你的公关、广告、营销工作和整体市场地位进行评估。公关仅仅是你达到同一目的的众多手段之一。如果公关和广告的目的南辕北辙，最终只会弄巧成拙。

谨记，重新调整认知需要时间和耐心。

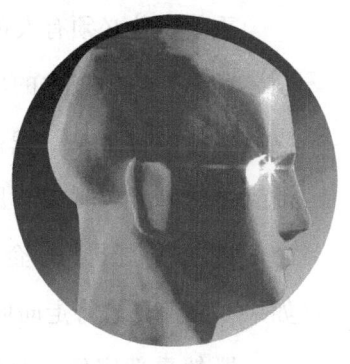

第10章
重新定位需要勇气

重新定位必须有人负责。为了实施重新定位，领导者需要拿出极大的勇气。CEO的职责就是全权负责，亲自带头，我在许多书的最后一章都曾提到过这一点。战略、愿景、宗旨都是建立在一个简单的前提下，即企业必须清楚前进的方向。如果不知道自己将走向何方，也就不会有人跟随。

既然重新定位需要战略的根本性转变，你或许假设高层管理者会投身其中，但事实并非如此。在接受《商业周刊》采访时，通用汽车的副总裁鲍勃·鲁茨非常精彩地总结了问题的症结："在生产制造方面，2亿美元的花销都需要董事会批准，而且在项目早期就会有高层参与。但是，耗资数十亿美元的营销活动，却授权给如此多的最基层员工，这未免太荒唐了吧。"⊖

这让我想起了惠普（HP）创始人大卫·帕卡德的一句话："营销太重要了，以致不能授权给营销人员。"

许多年前，在一本名为《彼得原理》（*Peter Principle*）的书中，作者劳伦斯·彼得和雷蒙德·赫尔揭示了以下现象：

如今，大多数等级制度都被规则和传统所阻碍，受到公众法律的限制，以至于即便是高层员

⊖ "鲍勃·鲁茨，通用汽车的销售大师"，《商业周刊》，2009年8月3日。

工也无法在指引方向和设定节奏方面发挥领导作用。他们走在队伍前面，却只是因循守旧，萧规曹随。这样的领导者无异于带领羊群前行的木雕神像。㊀

或许，正是这种对于领导技巧的悲观看法导致了领导力书籍的大量涌现（很多书都让人无语）。书中的建议包括，以谁为榜样（匈奴王阿提拉㊁），达到怎样的目标（内心宁静），学习什么（失败），努力提高什么（超凡魅力），是否应当授权（有时），是否寻求合作（可能），美国的神秘领导者是谁（女人），领袖的个人特质是什么（正直），如何取得信任（真诚可靠），如何成为真正的领导者（寻找内心的领袖）以及领导力的九个自然法则（算了，还是别问了）。事实上，我最近一次清点的时候，市面上共有3098本书名里带有"领导"这个词的书。

在我们看来，如何成为卓有成效的领导者无须耗用一整本书。彼得·德鲁克用几句话就做出了诠释："成为有效领导者的基础是清楚地思考组织的任务，清晰可见地定义并确立这一任务。领导者设定目标，设定优先级，设定并维护标准。"㊂

正确方向在哪里

首先，你如何找到正确的方向？要成为伟大的战略家，你必须置身于市场环境下进行思考。你要从市场一线获取灵感，从发生于潜在顾客心智里的战争胜负中得到启发。

阿尔弗雷德·斯隆将通用汽车缔造成20世纪30年代领先的企业，但

㊀ Laurence J. Peter and Raymond Hull, *The Peter Principle* (New York: William Morrow, 1969), p. 68.
㊁ 匈奴帝国历史上最强大的王，也是最后的王，曾多次征战欧洲。——译者注
㊂ 彼得·德鲁克，"言行一致的领导者"，《华尔街日报》，1988年1月6日。

他挑战了总裁的传统定义,因为他喜欢跟顾客打交道。斯隆常常从底特律的总部消失,出现在另一座城市的经销商那里。一番自我介绍后,他会要求经销商允许他以助理服务经理或者销售人员的身份在那里工作几天(毫无意外,经销商总是欣然接受)。

第二周回到底特律时,他会一股脑儿地抛出记录下顾客行为和喜好的备忘录,涉及从经销商到汽车风格的各个方面。

现代管理学之父彼得·德鲁克曾指出,通过经常的实地考察工作,斯隆比消费者调研活动发现了更多、更重要的趋势,而且常常发现得更早。

世界上大部分最伟大的军事战略家都是从底层做起的,这已经不是什么秘密了。他们从来都熟知战争的真实情况,并以此保持自己的优势。克劳塞维茨⊖既没有读过最好的军事学校,也没有上级传授军事专业,他的才能是通过最好也是最苦的方法学到的——在那些战争史上最惨烈、最著名的战役的一线服役。

谦逊坦率的山姆·沃顿一生中经常走访处在第一线的沃尔玛分店。他甚至会在半夜出现在装卸货物的码头,跟员工聊天。

⊖ 卡尔·冯·克劳塞维茨,德国军事理论家和军事历史学家,著有《战争论》。——译者注

与这位山姆先生不同,大部分一把手很容易与市场一线失去联系。公司越大,这种情况越容易发生。这可能是限制公司有力应对竞争、变化和危机的最重要的因素。

规模带来的问题

除了以上提到的,其他所有因素都支持企业扩大规模。商业即战争,战争的第一原则就是兵力原则,规模庞大的军队或公司往往占有优势。但一旦它不能让自己聚焦于发生在消费者心智中的战争,规模优势很快就会消失。正如你之前读到的,大公司很难管理。

在通用汽车,罗杰·史密斯和罗斯·佩罗的对决体现了这一点。作为通用董事会成员,罗斯每个周末都去买车。他批评罗杰没有这样做。

他说:"我们要彻底破除公司的官僚作风。"他主张取消公司的私人车库、配备专职司机的豪华轿车和主管餐厅。他是正确的,但取消这一切是以破产为代价的。(罗斯怎么了?)

汽车制造商居然配备专职司机开他们自己生产的豪华车?高级管理层和市场脱节,是很多大企业都面临的问题。

如何认清事实

如果你是个忙碌的CEO,你应当如何收集信息,才能对真实情况了如指掌?又该怎样应付中层管理者只说你想听的话的习惯?如何得到好消息和坏消息?

如果你不能直接得到这些坏消息,坏消息会繁衍滋生,而不会消失。

看看下面的寓言，是我以前写的，但值得重温：

方案
开始时是个方案。

随之而来的是设想。

设想缺乏具体形式。

方案毫无实质内容。

工人
工人脸色发黑，告诉工头：

"一罐狗粪，臭气熏天。"

工头
工头找到主管，对他说：

"是一桶粪便，没人能忍受它的味道。"

主管
主管找到经理，对他说：

"是一箱排泄物，气味强烈，无人能忍。"

经理
经理找到总监，对他说：

"是一箱肥料，味道重，恐怕没人受得了。"

总监
总监找到副总裁，对他说：

"这东西能促进成长，威力无穷。"

副总裁
副总裁找到总裁，对他说：

"这个强有力的方案将积极促进公司的发展，提高公司的效率。"

总裁

总裁看着计划，觉得很不错。方案成了政策。

要获得真实的市场信息，一种方法是进行"微服私访"，或者刺探那些没有公布的信息。这些方法在经销商和零售商的层面相当有效。

一个例子

办公用品公司史泰博的创始人托马斯·斯坦伯格（Thomas Stemberg）相信应该从基层了解真相。他经常化身为顾客，到自己店里购物。他会问顾客一般会问的问题，如"#96A 打印机墨盒在哪儿？"

在某些方面，这就如同一位国王乔装打扮成百姓，跟自己的臣民打成一片，目的在于获取真相。

和国王一样，一把手很少能从大臣那里得到真实的信息。宫廷之中，阴谋重重。

如果你拥有销售团队，那么销售人员是真实信息的重要来源。诀窍是你要从他们那里得到对竞争情况的真实有效的评估。最佳举措是对真实信息予以表扬，当大家知道一把手提倡实事求是的时候，高质量的信息便会接踵而至。

如何安排时间

问题的另一方面体现在你对时间的分配上。通常会有太多的活动让你无法抽身走访一线：太多的董事会、委员会以及获奖筵席。据调查，CEO

们通常花费 30% 的时间参加"外部活动",每周要花费 17 个小时为会议做准备。

鉴于高层管理者每周工作 61 个小时,那就只剩下 20 个小时来处理其他事情,包括管理内部运营和走访市场一线。

难怪 CEO 会把营销工作授权给别人,但这是个错误。

营销太重要了,以致不能授权给基层人员。如果你要授权,那就授权下一次募捐活动的主席工作。另外,还要削减用于会议的时间。不要通过讨论得出答案,相反,要走出去亲自看看。里根总统第一次访问苏联时,戈尔巴乔夫曾经对他说:"百闻不如一见。"

如果你想赢得一场战争,那你必须全身心专注于一线战术。你必须关注你的竞争对手,以及他们在人们心智中的强势和弱点。你必须找到一个在心智战场上可行的特性或差异化概念。

组织内部变革

为了利用外部的机会,你必须对组织内部进行调整。

你必须是行动派。留意"应该"这个词,通过它,你很快就能判断一个人是不是领导者。当某人提出一个可行的建议时,冒牌领导者会说:"我们应该这样做。"通常,你会发现,那些"应该"被束之高阁,难有实际的行动。

最好的领导者会跟下一代分享他们的智慧。密歇根大学商学院的教授埃诺尔·蒂希说:"伟大的领导者必定是伟大的老师。"据他估算,备受尊敬的通用电气 CEO 杰克·韦尔奇花费 30% 的时间用于发展领导力(他甚至在通用电气管理培训学院执教,每周授课一次)。"这是他发挥影响力的方式,"蒂希教授称。

颇具讽刺意味的是,历史证明韦尔奇失去了影响力,因为他让公司涉足金融业务,而这些业务在金融危机中灰飞烟灭。我担心,韦尔奇是受到了华尔街和股价的诱惑。

优秀的领导者知道,仅有方向是不够的。最好的领导者是故事讲述者、拉拉队长和引导者,他们通过话语和行动来强化方向感与愿景。

在航空业的领导者中,无人能及西南航空的董事会主席赫伯·凯勒尔,他已成为"低价、短途航空"之王。年复一年,他的公司始终没有离开"最佳声望"和"最高利润"公司的榜单。

假如你乘坐过西南航空的飞机,你大概会承认乘务人员那无与伦比的热诚和激情,他们甚至很有幽默感,正如乘客所描述的:"他们让二等舱位的旅程非常愉快。"

任何认识赫伯的人都意识到西南航空有着同赫伯一样的性格。他是个非常出色的拉拉队长,带领公司拓展业务,使员工士气高涨。他确实就在员工身边。

此外,他很了解自己的公司和员工。在一次会议中,我鼓励赫伯购买东海岸待售的短程航线,这能让西南航空一跃成为东部地区的大公司。

他想了想,回答说:"我当然想要他们在纽约、华盛顿和波士顿的登机口,但我不想要他们的飞机,更重要的是,我不想要他们的员工。"

当然,他是对的,因为要鼓舞那些东海岸短途航线的员工几乎是不可能的。

企业代言人

赫伯·凯勒尔也诠释了最佳领袖的另一个特质:他们能代表公司,并注入个人风格。在大通曼哈顿银行的全盛期,大卫·洛克菲勒通过拜访外国元首来制造新闻。实际上,他就是一国元首。

在辉煌时期,李·艾柯卡就代表克莱斯勒。

比尔·盖茨代表微软:他看起来像是电脑狂人,说话也像电脑狂人,他住在电脑狂人的房子里。

虽然人人都知道比尔·盖茨,却很少有人知道迪诺·科尔托帕西。他是"正宗意大利番茄酱"之王,他为美国6000家左右的正宗意大利比萨店和餐馆提供番茄酱。

迪诺代表着"正宗意大利"这个差异化概念:他住在意大利的别墅里,自己制作香肠。他拥有自己的葡萄园和(意大利式)室外地滚球场。每年他都要回国拜访亲戚。他给重要的客户寄去自制的橄榄油。如同盖茨主宰着软件世界一样,迪诺主宰着新鲜包装的番茄和番茄酱市场。

一个有影响力的领袖是赢得顾客和潜在顾客的有力武器。这样的领袖为公司带来独特的信任状（德国人对乔治·巴顿将军非常敬仰，这足以使盟军利用他做诱饵）。

此外，战士因为跟随这样的将领参战而骄傲。他们本能地信任他。没有信任，就没有任何跟随者；没有跟随者，你也就不能成为领袖。

最后，如果你希望自己像个将军，那么必须拥有优秀将领所必需的素质。

- **灵活应变**。你必须灵活地根据形势调整战略，而不是相反。优秀将领当然有自己的偏见，但在做出重大决定之前，他会认真考虑所有的备选方案和意见。

- **胆识过人**。有时你需要停止听取意见并做出决断。一个优秀将领会从内心深处寻求意志和勇气的力量来取胜。

- **无惧无畏**。时机来临之时，你必须果断、迅速地出击。当时机成熟的时候，大胆行动是特别宝贵的素质，因为此时需要全力出击。那些在形势不利时展现了太多勇气的人，要小心提防。不幸的是，官阶越高，胆量越小。

- **掌握实情**。优秀将领在制定战略时，从基础开始，从细节出发。其所制定的战略，必定要简单而有力。

- **运气**。如果你好好利用，运气是取得成功的重要要素。当你运气不佳时，你应该做好准备，尽快止损。克劳塞维茨说过："投降并不是一种耻辱。一名优秀棋手不会下一场败局已定的棋，一个优秀将领也绝不会战至全军覆没。"

"就这么干"

多年以前，我们向约翰·斯纳特（棒！约翰比萨公司总裁）提出了一项重新定位战略。会议室里坐着公司的营销人员和高层管理者。我讲解完毕，约翰环顾四周问大家的意见。许多人开始大力批评这个概念，这种会议通常都会如此。15分钟后，约翰说："好了，我听了你们所有人的意见。我的问题是，谁有更好的想法？"你可以猜到，屋里陷入一片寂静。约翰充满勇气、满怀信心地对他的员工说："好吧，就用'更好的原料，更好的比萨'，就这么干吧！"

员工知道他的前进方向，他们多年来一直坚持这一战略，取得了巨大的成功。

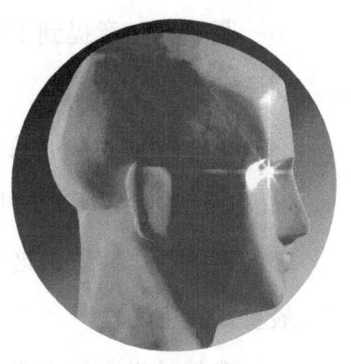

第11章
重新定位需由CEO全程参与

既然上一章提到了领导力,那我们就来谈谈领导者的参与问题。

我们曾多次参加某个美国最大公司的战略会议。在一次会议上,有位年轻女士向我们提出了一则建议。我们认为这是迄今为止听到的对定位最重要的建议。

我们的发言结束后,这位女士走过来表示祝贺,并对我们的精彩观点给予赞许。

但她接下来的话让我大吃一惊。她说,你们从未将任何定位思想真正推销出去。我们问她为什么这么说,她的回答既简单又深刻:"合适的听众永远不在会议现场。"

她接着解释道,高层管理者不会参加这样的会议,而有力的战略又总是与某些个人利益相冲突。这就使得任何方案在逐级上报获得批准的过程中,还没有到达最高决策层就过早夭折了。

多么一针见血啊!这些年来,我发现杰出的思想从未因为本身的优点而取得成功。如果会议室里没有合适的人到场,无论定位战略或重新定位战略多么优秀,成功都极其渺茫。

曾经的现金牛

在重新定位过程中,经常遇到的第一重障碍

是"曾经的现金牛"。新的定位往往诞生于新机遇的基础之上,有时容易对既有业务构成挑战。于是,人们迟迟不愿推行新的定位战略。彼得·德鲁克将这种现象称为"在昨天的祭坛上屠杀明天的机会"。

在 IBM 的一次会议上,我们鼓励公司把其新的工作站产品线定位为"PM"(个人主机)。很显然,这种做法会让大型主机业务的负责人深感不安,因为他的业务仍然盈利丰厚。同样地,PC(个人电脑)业务的负责人也会抱怨不停。

唯有 CEO 才能决定是否执行一项对企业最大现金牛构成潜在攻击的战略。由于行业的发展趋势是台式机,所以这一战略尤为重要。遗憾的是,因为 CEO 不在会议室里,他也就永远没有机会考虑到这一点。

最成功的公司在攻击自家的现金牛方面做得非常好,吉列公司就是很好的例子。开始时,它撤销了单层刀片和不锈钢刀片剃须刀,取而代之的是双面剃须刀 Trac II,获得了巨大的成功。后来,他们又用可调节的双面剃须刀 Atra 替换掉了 Trac II,再后来又推出了减震剃须刀 Sensor。现在,他们又推出了带导向鳍的传感器剃须刀 Sensor Excel。一旦有了新的想法,吉列马上就会将原来的产品重新定位为过时的产品。

"在吉列,没有走在自己前面的概念。"全球知名咨询公司 Booz(Booz & company)总结道,"新产品在面市 10 年前就已经在着手设计了。"⊖

再来看看那些与成功失之交臂的公司:施乐发明了激光打印技术,但没有善加利用;柯达发明了数码摄像技术,该技术却留在实验室里。看看胶卷的衰退,你就知道原因了。

⊖ Glenn Rifkin,"Anatomy of Gillette's Latest Global Launch", *Strategy+Business*, Second Quarter 1999, p.84.

过去的错误决策

会议室里如果没有合适的人到场,导致的另外一个问题是过去的错误决策总是阴魂不散。新战略总是同原先的决策产生冲突。在多年的战略咨询生涯中,从未有人对我说:"我们真高兴你来了。我们什么都没做,就等着你来呢。"他们显然已经做了很多事情了,有些效果很不理想(局面好的时候没人会想到叫你来)。

不幸的是,大企业里没有人愿意承认做过错误的决策,尤其是重大的错误决策。在一些承受不起失败的企业里,更是如此。结果,几乎所有中层管理者都本能地排斥新战略,因为这会让他们对原来的决策感到难堪。

"这里由我负责"

你遇到的另一类问题是,你的顶头上司或广告代理商通常患有"企业自大症"。他们不喜欢外人介入他们的工作,他们总是对自己说:"不管怎么样,我是负责人。如果接受了别人的想法,上级会把我看扁的。"

这种情况很严重。我们发现,这些人并没有摒弃"局外人"的建议,却总是以不同的方式把自己的想法加进去，做出他们自己所谓的贡献。结果，战略被修改之后，与原来并不完全相同。这就像是改了配料的蛋糕，外表看起来没什么两样，可是味道肯定不同了（广告代理商特别擅长做这种改造）。

在一个组织里，你的听众职位越高，你遇到这种自大问题的可能性就越小。

沟通的艺术

如果由于某种原因，无法让合适的人到场，那你必须设法让 CEO 参与到过程之中。没有 CEO 的参与，你的战略无法顺利执行。因此，诀窍是你的报告必须措辞谨慎，接受你汇报的上司看得舒服，才会把你的战略提交给 CEO。

例如，你可以把"世界已经改变"此类用语放到你报告的开头部分。这样就会自动传达一种信息，即早期的决定不管现在看来是对是错，在当时都显得很正确。

使用这种语言的目的，是为了安抚自大的情绪：因为你掩盖了他们以前的错误。同时，"世界正在变化"的观点听起来确实很有道理，CEO 会因此而注意你的报告。

但是，做到这些还不够。

进行培训

CEO 可能不是受过专业训练的营销人员，因此需要想办法让他对营销有所了解。

我们觉得有两种方法非常有效。第一种是举行营销讲座并邀请公司高层参加：请一位外部专家做讲座，讲座内容的一部分是关于如何应对公司当前的问题和机会。第二种方法是让CEO读一两本与营销有关的书，并指出这样有利于解决公司面临的问题。

在我们的著作中，《与众不同》最符合要求，CEO们很快就能领会其中的内涵。我觉得它之所以受欢迎，是"消亡"（die）一词起了作用。

最后一点，确保CEO知道彼得·德鲁克的以下观点：

商业企业的唯一目标是创造客户，它有且仅有两个基本职能：营销和创新。营销和创新产生成果，其余都是成本。营销是企业突出的、独特的功能。[⊖]

使用类比

或许，你可以引用一些商业史上的类似案例作为报告的序言，而不是陡然将重新定位战略甩在桌子上。

你不妨这样说："某公司也尝试过同样的事

⊖ Peter F. Drucker, *Management: Tasks, Responsibilities, Practices* (New York: Harper & Row, 1974), p.61.

情,可是结局很惨。"别忘了再补充一句:"当然了,这种事情可能不会发生在我们身上。"

相信我,面对他人犯错的时候,人们会变得更客观。听取报告的人会想:"还好我运气不错,看来这事有可能发生在我们身上,得赶紧让老板看看这东西。"

稳步推进

最后,任何执行起来困难的战略都要有条不紊地慢慢展开,特别是"重新定位"战略。

人们需要时间适应变化。通过放慢变化的速度,就能缓解战略剧变而导致的焦虑和紧张。

有人曾说:"多数人都能适应旧的方式,也能适应新的方式。关键在于新旧之间的过渡。"

多年前,我与前任合伙人艾·里斯建议汉堡王为麦当劳贴上"儿童乐园"的标签,将自己重新定位为"成年人的汉堡店"。这意味着要把一部分市场拱手让给麦当劳,更别说拆掉连锁餐厅里的秋千玩具了。

这带来了战略上的重大变化,并立刻引发焦虑和恐慌情绪。因此,推行这项战略的唯一方法是"通过试验逐步展开"。不幸的是,焦虑和恐慌情绪占了上风,于是机会就这样错过了。

所有这些都无可争议地表明,"重新定位"是非常严肃的事,它为公司的商业战略确定了方向。此外,制定重大决策的时候,高层管理者必须在场。

组织的进化

既然我们谈到高层管理者和他们的参与,那么引用彼得·德鲁克对重新定位的一些管理箴言来结束本章再合适不过了。如你所料,他的意见得到采纳,肯定需要高层管理者的参与:

对于发达国家(甚至可能是整个世界)来说,有一件事是确定的,那就是我们面临长期的深层变革。一个组织必须能够应对持续不断的变化。不能再将事业开创型的创新置于管理工作的表层甚至是外围了,这类创新必须成为管理的最核心部分。组织承担的职能是开创性的,是将知识运用于实践中——用于工具、产品和生产过程,用于工作设计,用于知识本身。

越是技术变化最不显著的领域,越需要特别重视创新。制药企业的人都知道公司的生存依靠每隔十年用全新的药物替换掉原来3/4的药物。但有多少保险公司的员工意识到公司的发展(甚至可能是它的生存)依靠的是新保险形式的发展呢?一个行业越是缺乏显著和杰出的科技变革,企业组织出现僵化的可能性就越大,因而,其对创新的重视也就越发重要。⊖

⊖ Peter F. Drucker with Josep A. Maciariello, *The Daily Drucker* (New York: Harper Business, 2004), p.77.

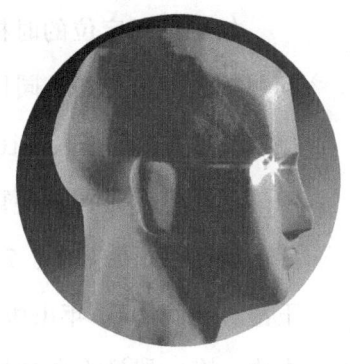

第12章
重新定位是显而易见的

如果重新定位的时机成熟，那么你所面临的问题是显而易见的。同样，问题的解决方法也是显而易见的，但是人们往往忽略这种显而易见。

通用汽车公司需要重新定位，这一点在几十年前就已经很明显了。25年来，其市场份额逐年下滑。在我2001年出版的《大品牌大问题》[○]一书中，有一段话形象地体现了这一点。它并非业已成真的预言，而是显而易见的观察。

走进董事会

市场份额不断下滑，难怪多年前董事会就对高层管理者极度不满并加以驱逐。这些年来，我们见识了各种各样不再是财务背景的CEO们，他们是新的营销专家、品牌经理。你能想到的人才都已经试过了。但是到现在为止，好像没什么能推动市场份额的上升。

最后一试是任命通用汽车历史上最年轻的CEO，47岁的里克·瓦格纳（Rick Wagoner）。里克打算一改原来保守的管理风格，通过电子化来实现通用汽车的互联网速度，但是有这种"数字驾驶"就足够了吗？人们会因为通用汽车安装了连接互联网的通信设备而选择通用汽车吗？还是

○ 本书中文版已由机械工业出版社出版。——译者注

会因为通用的仪表盘上有"安吉星"（OnStar）按钮而选择通用汽车？（嗨，蝙蝠侠的车上也有一个这样的按钮。）数字化的供应链会让通用汽车的生产更快速、成本更低廉、功能更适合顾客吗？或许吧。但是通用汽车运用新潮科技进行的最后一搏并没有带来多大的改观。这项大胆的新型数字技术无法解决根本问题。

通用汽车忘记了是什么给它带来了成功。其实归根结底，这与80多年前斯隆[⊖]遇到的情况相同：如何遴选品牌并进行合理的定位，从而使得不同品牌实现互补共赢？答案就是斯隆在1921年进行的大型"手术"。通用汽车剥离了两个品牌，整合企业运营活动，对剩余的品牌进行重新定位。要解决2001年的问题可能需要同样的大型"手术"。逐步淘汰奥兹莫比（Oldsmobile）是个不错的开始，但是也非易事，既要和老顾客交代，又要应付工会的抱怨，还要解决经销商的问题。

好了，瓦格纳已经离任。庞蒂亚克、土星、欧宝、萨博和悍马也已停产或售出。现在我们知道它们对公司造成的损害了。然而，是金融危机和破产[⊜]才迫使管理层采取这一战略的，而这在很多年前就已经显而易见了。有人可能会提出如下问题。

为什么会是这样

很多显而易见的大问题都是如此：人们要么过于乐观，满怀希望，要么推诿问题，找别人顶罪。这种现象被称为"逃避心理"。俄勒冈州立大学

⊖ 阿尔弗雷德·斯隆，时任通用汽车公司总裁。——译者注
⊜ 在金融危机的冲击下，通用汽车于2009年申请破产，由美国政府注资而被国有化。——译者注

的一位心理学教授在他的书中指出了这种现象以及我们的大脑是如何评估风险的,其中几点发现与通用汽车所处的状况颇为相关。

我们的大脑对未来漫不经心,却高度关注迫在眼前的威胁。这就是为什么人们总是在退休存款问题上失去理智。这也是为什么市场份额每年丢失一两个百分点没有引起通用汽车的广泛关注。"我们只要做些调整,削减些成本,明年就能夺回失去的市场。"管理层大概这样想。

更进一步,这位教授指出,相对于那些渐进平缓的变化,我们对于瞬间发生的变化要敏感得多。他的意思是说人类更适合应对更新世㊀时代的掠夺者和敌人,而不是21世纪的挑战。金融危机确实是瞬间发生的。

皮尔斯·斯蒂尔(Piers Steel)是加拿大卡尔加里大学人力资源与组织动力学的助理教授,他对拖拉现象也颇有见解。他认为人们拖拉的原因更多是因为缺乏自信,而不是因为追求完美。

"最终,拖拉的人对自己缺乏信心,即使自己可以完成一项任务,他们依然不敢抱很大的期望。"他在该大学的新闻稿中提到,"完美主义并不是罪魁祸首,"他继续阐释道,"事实上,完美

㊀ 更新世(Pleistocene Age),即猛犸象、巨型犀、剑齿虎、剑齿象等动物生活的时代。——译者注

主义者很少拖延，他们只是担心得比较多。"

斯蒂尔查看了大量学术书籍、会议、期刊和其他材料中对拖拉现象的研究。他的分析发表在美国心理学协会（American Psychological Association）出版的《心理学公报》（*Psychological Bulletin*）2007年1月刊上。文明伊始，拖拉现象就出现了，而且"看起来不会很快消失"，斯蒂尔写道。

面对现实

要消除面临风险时的本能反应，你需要一个来自外部的观察者为你提供大量的事实，同时需要开放思想、乐意聆听。你面临的最大问题将是那些已经有所投入的决策。这让我们想起了在一家大公司举行的一场会议。该公司正准备推出一个耗资数百万美元的新产品线，我们觉得这一决策并不明智。我们解释了该产品线为什么不会成功，副总裁看起来被我们说服了，他看着我们说："我们一年前将这个决策提交董事会的时候，你们又在哪里？"

问题是显而易见的，但因为太多的利益牵涉其中，新产品的推广仍然在进行。顺便提一句，正如事前所料，新产品线没有成功。为此，该公司损失了一大笔钱，这是一个需要牢记的大教训。

我们来看看，为什么显而易见的解决方法往往很难推销出去。

贩卖"复杂"的咨询顾问

显而易见的概念和答案往往因为太简单而很难为人们所接受。人们会说："这个我懂。"人们通常觉得答案应该具有高度的精密性和复杂性，商业咨询顾问则强化了这种认知。

一开始是彼得·德鲁克，他总是安静平和地提出健全的管理建议。如英特尔前CEO安迪·格鲁夫所说："德鲁克是我的偶像。他的思想和作品都异常清晰，完全有别于那些江湖骗子。"⊖

然后到了1980年，汤姆·彼得斯因为他写的一本关于"卓越"的书火了起来。汤姆·彼得斯效仿者时代由此掀开了序幕。你完全可以称这些效仿者为现代罗宾汉。他们抢劫富人并将财富据为己有，不过他们不再使用弓箭，而是用复杂的术语和概念来捕获猎物。

《财富》杂志上一篇名为"寻找上当受骗者"（In Search of Suckers）的文章⊜说得恰如其分："没有号角声，咨询行业被悄无声息地劫持了。新的大师凭借的不过是钢笔、讲台和天大的无耻，却强占了一个原本体面、道德的行业：向商业人士提供专业建议的咨询业。"

当有人问鲁勃特·默多克是否有追随和崇拜的管理大师时，他异常坦率地说："大师？珍宝到

⊖ Bob Lenzner, "Still the Youngest Mind", *Fobes*, March 10, 1997.

⊜ Alan Farnham, "In Search of Suckers", *Fortune*, October 14, 1996, p.119.

处都是，且大部分都是显而易见的。你去逛书店，走到商业书籍跟前，看到各种非常棒的名字，于是你买了300美元的书，回来你就会把它们扔到一边了。"⊖

甚至汤姆·彼得斯也承认："这是唯一一个相信情况会不断变好的社会，于是人们不断地被像我这样的人欺骗。"⊜

复杂的高昂代价

咨询行业的是非曲直常常被广泛提及，似乎很多咨询师认为公司不会为简单埋单。事实上，可能一家公司对过程了解得越少，它需要付的钱越多。

如果解决方案很简单，那么公司自己也会制订。

因此，秘密就在于不断地发明新的复杂概念。比如，很多公司可以理解市场竞争，但《麦肯锡季刊》的一篇文章⊕告诉读者，我们现在需要在两个世界中竞争：一个是地域市场（marketplace），另一个新的被称为"空间市场"（marketspace）（很对称，甚至还押韵）。整篇文章都是关于创造"数字资产"的，这个概念足以让一位年届六旬的CEO目光呆滞。

然后，为了在原有的方程式中添加些许恐慌因素，文章警告读者"传统的商业准则已经不适用了"，而且公司"不但需要重视物理价值链，而且必须建立和利用虚拟价值链"。

作者所希望的读者反应是："这篇文章我怎么读不懂，赶紧给我找来这两位哈佛大学毕业的作者的电话号码。我们可能有麻烦了。"

⊖ Farnham, "In Search of Suckers."
⊜ John Micklethwait and Adrian Wooldridge, The Witch Doctors (New York: Times Books, 1996).
⊕ Jeffrey F. Rayport and John J. Sviokla, "Competing in Two Worlds," McKinsey Quarterly, January 1996.

我们并不是说这些信息很糟糕，而是对于CEO来说，要想在地域市场上存活已经很难了，更何况在那个叫作空间市场的世界存活。

寻找"显而易见"

好的定位和重新定位概念必定是显而易见的。既然这些概念对于你来说很明显，对于你的顾客来说也很明显，因此才会有效。

1916年，罗伯特·厄普德格拉夫著有一本名为《我怎么没想到？显而易见的商业智慧》㊀的小册子，这是我读过的最好的营销书籍。实际上，我的上一本书《显而易见：终结营销混乱》(In Search of the Obvious) ㊁就是以此为题的。

作者告诉人们为何显而易见的概念很难推销出去。他写道："问题是显而易见的概念往往很简单、普通，没有想象的空间。我们都喜欢聪明的点子和充满创意的计划，它们可以成为俱乐部午餐时的谈资。人们对显而易见的概念的反应是：嗯，就这么简单？"

奥普迪葛瑞夫列出了五种检验显而易见的方法。

㊀ 本书中文版即将由机械工业出版社出版。——译者注
㊁ 本书中文版已由机械工业出版社出版。——译者注

（1）**问题一旦被解决，就变得简单**。"显而易见"的东西几乎总是简单的——如此之简单，以至于有时所有的男男女女都对此熟视无睹。所以，若是一个观点表现得聪明、精巧或者复杂的话，我们就应该怀疑它，因为它不可能是"显而易见"的。

（2）**这个想法是否符合人的本性**？"显而易见"的想法符合既有认知。人们理解这一想法，因为它反映了简单的事实，没有被专业和技术知识复杂化。

（3）**诉诸文字**。用最简洁的语言把你的观点、计划或方案写下来，就像你在向一个孩子做解释。你能用两三个小段落表述清楚吗？如果不能，或者非要解释得冗长且复杂难懂，那么，它很可能不是"显而易见"的。因为，如前面所说的，"当你发现答案时，它总是简单的。"

（4）**它会震撼人心吗**？当听完你陈述了观点，概述了解决方案，或者解释了计划、方案设计、项目规划后，人们若是恍然大悟："我们以前怎么就没有想到呢？"你必定会感到备受鼓舞，因为指出"显而易见"的东西很容易激起这种震撼的心理反应。

（5）**时机成熟吗**？许多主意和计划虽然显而易见，却明显不符合时宜。检视方案与计划的时机，往往与它们本身同样重要。没有把握好时机的重新定位战略是个大问题。

一家医院"显而易见"的重新定位

多年前，当我们和位于纽约州南部的奥兰治地区医疗中心（Orange Regional Medical Center）合作时，答案就是简单明了的。

现在，该医院已在全美范围内被公认为汤森·路透（Thomson Reuters）"百强"医院之一。但是当时，调查显示该医院的医生团队和精密技术都被低估了。

要想和本地的几十家医院竞争，它必须摆脱"还算不错的社区小医院"的认知。

显而易见的重新定位战略来自它自己的愿景声明，该声明已广为传播，但没有受到公众的认可："建立一家真正的地区性医疗企业，为社区提供持续的、最高水平的、尽可能广泛的医疗服务。"

"真的吗？"我们问。尽可能广泛的服务？它确实做到了这一点（奥兰治地区医院和竞争对手的服务对照表显示奥兰治医院的服务更广泛）。

"为您的健康提供更多服务，无人胜过我们"，这一重新定位概念给原来的想法注入了活力，让这家医院显得与众不同，为消费者选择该医院提供了一个简单且强有力的理由，同时这为医院接下来的经营表现设定了标准。

该重新定位战略在医生、董事会、员工和整个社区的心智中产生了震撼效应。五年之后，共鸣效应仍然存在。我觉得奥普迪葛瑞夫先生会同意这一点。

要了解重新定位战略的显而易见，我们来随意看几个营销案例和应对措施。

新西兰的旅游业

在重新定位时，要小心毫无意义的口号。新西兰最新的口号将自己称作"地球上最年轻的国

第12章 重新定位是显而易见的

家"。这是个愚蠢的概念，因为人们想看的是古老的景物，而非新兴的事物。这个国家的自然美景太显而易见了。因为新西兰有两个岛屿，要想将这一概念戏剧化，可以提出这样一个问题，哪个岛屿是最美丽的？重新定位的回答是："新西兰，世界上最美丽的两个岛屿。"

如果问任何一个去过新西兰的人对这个国家的看法，你很可能会听到这样的回答："很漂亮。"

没有比这更显而易见了！

斯里兰卡的旅游业

说到国家，如果国家的名誉不好，该怎么办？斯里兰卡的国内战争被媒体大肆渲染，我们认定斯里兰卡是个严重受损的品牌名。这严重阻碍了该国的发展。它需要重新定位。我们的建议是恢复该国的原有名字——锡兰。这会让人回想起它浪漫的过去：茶树生长的地方。

这个显而易见的概念很难推销出去，因为这很大程度上涉及国家的自尊，但这个国家应该这样进行重新定位。

麦当劳

我们都已看过"我就喜欢"这样的口号了。在我看来，这并不是一个差异化的概念。当我们看到麦当劳"售出几十亿个汉堡包"的广告牌，或得知它在全球已覆盖了那些不卖汉堡的地方（如印度）时，一个显而易见的重新定位概念出现了："麦当劳，全球最受欢迎的餐厅"（The world's favorite place to eat）。

领导地位是个强有力的竞争战略，如你在开篇部分读到的，心理学家已经发现人们买别人所买。

西尔斯

西尔斯曾经一度是零售和目录购买之王。现在，目录购买已经不复存在，而且仓储式超市正威胁着零售业。看起来西尔斯要么进行重新定位，要么消亡。

西尔斯现在还有的东西就是它的品牌，诸如Craftsman工具、Kenmore电器、DieHard电池、Lands' End服装以及其他轮胎和油漆品牌等，许多品牌都是各品类中的领导者。

拥有了这些品牌，明显的重新定位战略是"美国至优品牌之家"。同时，西尔斯的营销更多的应该是关于这些品牌而不是商场本身，而仅仅宣传这些品牌只有在西尔斯才能找到是不够的。

那么，现在情况如何呢？人们纷纷议论说这些品牌要在其他的零售商店销售。如果真是这样，那便是西尔斯作为一个零售商的末日。

《新闻周刊》

《新闻周刊》和它的竞争者《时代》杂志的发行量和广告量都大幅减少了。两者都在试图避免《美国新闻与世界报道》的命运。《美国新闻与世界报道》曾经是周刊，后来是月刊，然后就停刊了。在这三家杂志不断衰退的时候，《经济学人》却是一片繁荣景象。看来它们需要重新定位。

首先,《新闻周刊》必须意识到,问题不是《经济学人》和它已经广及全球的发行量。《新闻周刊》还必须明白,大众兴趣已经过时,市场已经发生了细分,问题在于应该切入哪个细分市场。如果你在经营《新闻周刊》,你首先应该意识到重新设计不会带来任何改变,这就如同重新布置泰坦尼克号甲板上的椅子。现在亟须新的定位概念,而非新设计。

显而易见的重新定位概念是聚焦著名的专栏作家,而不是新闻。人们喜欢乔治·威尔、法瑞德·扎凯瑞尔、罗伯特·萨缪尔森和乔纳森·阿尔特,因此才会买这些杂志。著名的专栏作家创造了差异化。他们总能提供有价值的视角,解读新闻的含义。我甚至会加一个名为"博客世界"的概述栏目,报道网络新闻的好坏是非。

另一个新想法是让乔恩·斯图尔特开一个专栏,他因《每日秀》而声名远播。乔恩会写很多荒唐的东西——这样的例子很多。他可能会吸引大量的年轻读者。

重新定位的唯一问题是"新闻周刊"这个名字。这本杂志不是关于新闻的,更多的是关于新闻评论的,应该称其为"评论周刊"。它应该将自己重新定位成"解读新闻"的杂志。

提出这个勇敢无畏、独树一帜的举措的主要原因在于,今时已不同于往日,重新定位一个品牌非常困难,特别是当你被看成仿效者的时候。《新闻周刊》的头号竞争者《时代》也在进行重新设计。

这一案例清晰地展示了什么是重新定位。对《新闻周刊》的重新定位会使其更符合人们的认知。它是竞争时代强有力的手段;它需要相当大的勇气;它显而易见,但需要金钱和时间来完成。

在本书中,我们提到其他显而易见的重新定位战略,如雪佛兰的"美国人最青睐的美国车",或者大陆航空的"同样价格,更多里程"。这些都不是比拼聪明,而是在竞争、变化和危机时代应该运用的显而易见的定位概念。

几十年来,在我就这一主题进行写作或发表演讲时,我力求简单明了、显而易见地向人们展示该如何进行营销。

同时,该领域的所谓专家却竭尽全力地让事情复杂和混乱。

我的最后忠告是,尽量不要对你的定位和重新定位战略进行过多调研和思考。诀窍是保持简单明了、显而易见。

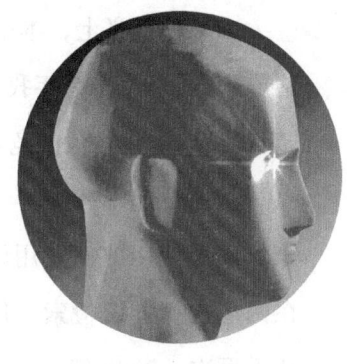

结 语

在某种意义上，本书为一段旅程划上了句号。这段旅程始于 1969 年我写的第一篇定位文章——"定位：同质化时代的竞争之道"。

从那时起，"定位"和"重新定位"开始成为全球大量使用的商业用语。如果你有疑问，可以在网上进行词语检索。你会发现那两个词出现过几千万次。2008 年，在全球的商业刊物中，它们出现了 37 163 次。

然而，直至今日，人们在使用"定位"一词的时候，并不是所有人都能理解其真正的含意。具有强大影响力的群体（如管理咨询顾问），对认知和心智中的胜负知之甚少。

现在我们已经对"定位"和"重新定位"进行了详细的阐释。在这期间，我写了另外 14 本书，分别阐述了这一主题的不同方面。

如果人们现在不能理解，他们永远也不会理解。在这个高度竞争的时代，这只会带来大麻烦。

我只能说：我提醒过你。又如爱德华·默罗⊖曾说的："晚安，好运。"

⊖ 爱德华·默罗（Edward R. Murrow），美国著名新闻评论员，因敢于在冷战时期对抗麦卡锡主义而闻名。

作者简介

杰克·特劳特

杰克·特劳特（Jack Trout），传奇营销战略家。他广受赞誉的营销经典被翻译成多种语言：《定位》《商战》（20周年纪念版）《22条商规》《与众不同》《大品牌大问题》《特劳特营销十要》和《什么是战略》。在《与众不同》再版后，紧接着他又出版了《显而易见：终结营销混乱》。

他是特劳特全球伙伴公司（Trout & Partners Ltd.）的总裁。该公司是一家位于康涅狄格州的国际营销咨询公司。特劳特曾为许多公司提供咨询服务，包括惠普、西南航空、默克、宝洁、棒！约翰比萨。他曾就如何更好地宣传国家形象为美国政府提供咨询。2006年，他帮助民主党重获在美国国会的领导地位。

特劳特被公认为世界一流的营销战略大师，他也是定位和其他重要营销战略概念的创始人。他在广告和营销领域有着40多年的经验，已成为世界各大公司的董事会顾问。他遍布全球的咨询工作让他在广泛的营销领域获得了大量直接经验。特劳特已成为一位获得国际声誉的咨询师、作家、演讲人和先进营销理念的倡导者。

史蒂夫·里夫金

史蒂夫·里夫金,命名专家,特劳特全球伙伴公司长期合伙人。曾与杰克·特劳特合著了三本书:《重新定位》《简单的力量》及《与众不同》。

史蒂夫于1989年在新泽西州洛克谷创建Rivkin & Associates咨询公司,从事营销和传播咨询。他的客户包括阿尔斯通(Alstom)、Baptist Health System、Idea Village、卡夫食品、Pixel Optics、Premio Foods以及汤姆森医疗保健(Thomson Healthcare)。

他的其他两本著作为 *IdeaWise* 和 *The Making of a Name*。*IdeaWise* 是一本关于如何借用和调整新想法的书;*The Making of a Name* 涵盖品牌名称的战略、创意、语言和法律等不同方面。

他经常就营销和传播主题发表演讲,主讲过上百场演讲与座谈会,足迹遍布美国、欧洲和东南亚。

史蒂夫的个人网站是 www.rivkin.net。

附录A
定位思想应用

定位思想
正在以下组织或品牌中得到运用

- 王老吉：6年超越可口可乐

王老吉凉茶曾在年销售额1个多亿徘徊数年，2002年借助"怕上火"的定位概念由广东成功走向全国，2008年销售额达到120亿元，成功超越可口可乐在中国的销售额。

- 东阿阿胶：5年市值增长15倍

2005年，东阿阿胶的增长出现停滞，公司市值处于20亿元左右的规模。随着东阿阿胶"滋补三大宝"定位的实施，以及在此基础上多品牌定位战略的展开，公司重回高速发展之路，2010年市值超300亿元。

……

红云红河集团、劲霸男装、鲁花花生油、香飘飘奶茶、AB集团、芙蓉王香烟、美的电器、方太厨电、创维电器、九阳豆浆机、HYT无线通讯、乌江涪陵榨菜……

- "棒！约翰"：以小击大，痛击必胜客

《华尔街日报》说"谁说小人物不能打败大人物"时,就是指"棒!约翰"以小击大,痛击必胜客的故事。里斯和特劳特帮助它把自己定位成一个聚焦原料的公司——更好的原料、更好的比萨,此举使"棒!约翰"在美国已成为公认最成功的比萨店之一。

- **IBM:成功转型,走出困境**

IBM公司1993年巨亏160亿美元,里斯和特劳特先生将IBM品牌重新定位为"集成电脑服务商",这一战略使得IBM成功转型,走出困境,2001年的净利润高达77亿美元。

- **莲花公司:绝处逢生**

莲花公司面临绝境,里斯和特劳特将它重新定位为"群组软件",用来解决联网电脑上的同步运算。此举使莲花公司重获生机,并凭此赢得IBM青睐,以高达35亿美元的价格售出。

- **西南航空:超越三强**

针对美国航空的多级舱位和多重定价的竞争,里斯和特劳特将它重新定位为"单一舱级"的航空品牌,此举帮助西南航空从一大堆跟随者中脱颖而出,自1997年起连续五年被《财富》杂志评为"美国最值得尊敬的公司"。

……

惠普、宝洁、通用电气、苹果、汉堡王、美林、默克、雀巢、施乐、百事、宜家等《财富》500强企业,"棒!约翰"、莲花公司、泽西联合银行、Repsol石油、ECO饮用水、七喜……

附录B
企业家感言

如果说王老吉今天稍微有一点成绩的话，我觉得我们要感恩方方面面的因素，在这里有两位大贵人，这就是特劳特（中国）公司的邓德隆和陈奇峰。在我们整个发展的过程中，每一步非常关键的时刻，他们都出现了……其实，他们在过去的将近十年里一直陪伴着我们走过。

——加多宝集团（红罐王老吉）副总裁　阳爱星

定位理论能帮你跳出企业看企业，透过现象看本质，从竞争导向、战略定位、顾客心智等方面来审视解决企业发展过程中的问题。特劳特，多年来一直是劲霸男装品牌发展的战略顾问；定位理论，多年来一直是劲霸男装3000多个营销终端的品牌圣经。明确品牌定位，进而明白如何坚持定位，明确方向，进而找到方法，这就是定位的价值和意义。

——劲霸男装股份有限公司总裁　洪忠信

邓德隆的《2小时品牌素养》是让我一口气看完的书，也是对我影响最大的书，此书对定位理论阐述得如此透彻！九阳十几年聚焦于豆浆机的成长史，对照"定位理论"，竟如此契合，如同一个具体的案例！看完此书，我们更坚定了九阳的"定位"。

——九阳股份有限公司董事长　王旭宁

品牌，是市场竞争的基石，是企业基业长青的保证。企业在发展中的首要任务是打造品牌，特劳特是世界级大师，定位理论指导了许多世界级企业取得竞争的胜利，学习后我们深受启发。

——燕京啤酒集团公司董事长　李福成

定位已经不是简单的理论和工具，它打开了一片天地，不再是学一个理论、学一个原理，真的是让自己看到了更广阔的天地。

——辉瑞投资公司市场总监　孙敏

好多年前我就看过有关定位的书，这次与我们各个事业部的总经理一起来学习，让自己对定位的理念更清晰，理解更深刻，对立白集团战略和各个品牌的定位明朗了很多。

——立白集团总裁　陈凯旋

在不同的条件下、不同的环境中，如何运用定位理论，去找到企业的定位，去实现这个战略，我觉得企业应该用特劳特的方法很好地实现企业的战略，不管企业处于哪个阶段，这个理论越早走越好。

——江淮动力股份公司总经理　胡尔广

定位的关键首先是确立企业的竞争环境，认知自己的市场地位，认清楚和认识到自己的市场机会，这样确定后决定我们采用什么样的策略，这个策略包括获取什么样的心智资源，包括如何竞争取舍，运用什么样的品牌，包括在品牌不同的生命周期、不同的生命阶段采用什么样的战术去攻防。总之，这是我所经历的最实战的战略课程。

——迪马实业股份公司总经理　贾浚

战略定位，简而不单，心智导师，品牌摇篮。我会带着定位的理念回到我们公司进一步消化，希望能够借助定位的理论帮助我们公司发展。

——IBM（中国）公司合伙人　夏志红

从事广告行业15年，服务了100多个著名品牌，了解了定位的相关理论后，回过头再一看：但凡一个成功的企业，或者一个成功的企业家，都不同程度地遵循并且坚持了品牌定位理论的精髓，并都视品牌为主要的竞争工具。我这里所说的成功企业，并不就是所谓的大企业（规模巨大或无所不能），而是拥有深深占领了消费者心智资源的强势品牌。这样的成功企业，至少能有很好的利润、长久的生存基础，因而一定拥有真正的竞争优势。

——三人行广告有限公司董事长　胡栋龙

定位理论对企业的发展是至关重要的，餐饮行业非常需要这样一个世界顶级智慧来做引导。回顾乡村基的发展历程，我已领悟到"定位"的重要性，在听了本次定位课程之后，有了更加清晰的认识和系统的理论基础，我也更有信心将乡村基打造成为"中国快餐第一品牌"！

——乡村基国际餐饮有限公司董事长　李红

心智为王，归纳了我们品牌成长14年的历程，这是极强的共鸣；心智战略，指明了所有企业发展的正确方向，这是我们中国的福音；心智定位，对企业领导者提出了更高的要求，知识性企业的时代来临了。

——漫步者科技股份公司董事长　张文东

定位的本质是解决占有消费者心智资源的问题。品牌的本质是解决心智资源占有数量和质量的问题。从很大意义上来说，定位是因，品牌是果。定位之后的系统整合和一系列营销活动，实际上是在消费者的大脑里创建或强化一种心智模式，或者是重新改善对待品牌的心智模式。当这种心智资源被占有到一定程度（可用销量或市场占有率来衡量），或心智模式已在较大市场范围明确确立时，则形成了品牌力，而品牌力即构成了竞争力的核心，品牌战略则是有效延续和扩大核心竞争优势的方针性举措。

——奇正藏药总经理　李志民

消费者"心智"之真，企业、品牌"定位"之初，始于"品牌素养"之悟！

——乌江榨菜集团董事长兼总经理　周斌全

盘点改革开放 30 多年来中国企业的成长史，对于定位理论的研究和运用仍然凤毛麟角。企业成败的案例已经证明：能否在大变动时代实现有效的定位，成为所有企业面临的更加迫切的问题。谁将赢得下一个 30 年？就看企业是不是专业、专注、专心去做自己最专长的事！

——西洋集团副总经理　仇广纯

格兰仕的成功印证了"品牌"对于企业的重要价值，能否在激烈的市场竞争中准确定位，已成为企业生存发展的关键。

——格兰仕集团常务副总裁　俞尧昌

定位经典丛书

序号	ISBN	书名	作者
1	978-7-111-57797-3	定位（经典重译版）	（美）艾·里斯、杰克·特劳特
2	978-7-111-57823-9	商战（经典重译版）	（美）艾·里斯、杰克·特劳特
3	978-7-111-32672-4	简单的力量	（美）杰克·特劳特、史蒂夫·里夫金
4	978-7-111-32734-9	什么是战略	（美）杰克·特劳特
5	978-7-111-57995-3	显而易见（经典重译版）	（美）杰克·特劳特
6	978-7-111-57825-3	重新定位（经典重译版）	（美）杰克·特劳特、史蒂夫·里夫金
7	978-7-111-34814-6	与众不同（珍藏版）	（美）杰克·特劳特、史蒂夫·里夫金
8	978-7-111-57824-6	特劳特营销十要	（美）杰克·特劳特
9	978-7-111-35368-3	大品牌大问题	（美）杰克·特劳特
10	978-7-111-35558-8	人生定位	（美）艾·里斯、杰克·特劳特
11	978-7-111-57822-2	营销革命（经典重译版）	（美）艾·里斯、杰克·特劳特
12	978-7-111-35676-9	2小时品牌素养（第3版）	邓德隆
13	978-7-111-66563-2	视觉锤（珍藏版）	（美）劳拉·里斯
14	978-7-111-43424-5	品牌22律	（美）艾·里斯、劳拉·里斯
15	978-7-111-43434-4	董事会里的战争	（美）艾·里斯、劳拉·里斯
16	978-7-111-43474-0	22条商规	（美）艾·里斯、杰克·特劳特
17	978-7-111-44657-6	聚焦	（美）艾·里斯
18	978-7-111-44364-3	品牌的起源	（美）艾·里斯、劳拉·里斯
19	978-7-111-44189-2	互联网商规11条	（美）艾·里斯、劳拉·里斯
20	978-7-111-43706-2	广告的没落 公关的崛起	（美）艾·里斯、劳拉·里斯
21	978-7-111-56830-8	品类战略（十周年实践版）	张云、王刚
22	978-7-111-62451-6	21世纪的定位：定位之父重新定义"定位"	（美）艾·里斯、劳拉·里斯 张云
23	978-7-111-71769-0	品类创新：成为第一的终极战略	张云